Toronto Medieval Latin Texts   37

Toronto Medieval Latin Texts

Peter Comestor
Lectures on the *Glossa ordinaria*

Edited from
Troyes, Médiathèque du Grand Troyes, MS 1024

by

DAVID M. FOLEY *and* SIMON WHEDBEE

Published for the
Centre for Medieval Studies
by the
Pontifical Institute of Mediaeval Studies
TORONTO

Library and Archives Canada Cataloguing in Publication

Title: Lectures on the Glossa ordinaria / Peter Comestor ; edited from Troyes, Médiathèque du Grand Troyes, MS 1024 by David M. Foley and Simon Whedbee.
Names: Petrus, Comestor, active 12th century, author. | Foley, David M., editor. | Whedbee, Simon, editor. | Pontifical Institute of Mediaeval Studies, publisher. | Bibliothèque de Troyes. Manuscript. 1024.
Series: Toronto medieval Latin texts ; 37.
Description: Series statement: Toronto medieval Latin texts ; 37 | Includes bibliographical references. | Original text in Latin; introduction and critical matter in English.
Identifiers: Canadiana (print) 20210263148 | Canadiana (ebook) 20210263520 | ISBN 9780888444875 (softcover) | ISBN 9781771104173 (PDF)
Subjects: LCSH: Petrus, Comestor, active 12th century – Manuscripts. | LCSH: Bible – Criticism, interpretation, etc. – History – Middle Ages, 600–1500. | LCSH: Bible. New Testament – Criticism, interpretation, etc. – History – Middle Ages, 600–1500. | LCSH: Glossa ordinaria. | LCSH: Bibliothèque de Troyes. Manuscript. 1024.
Classification: LCC BX1749.P45 P48 2021 | DDC 230/.2092–dc23

Contents

Preface   vii

Acknowledgements   ix

Sigla and Abbreviations   xi

Introduction   1
     The *Glosae super Euangelia glosata*   3
     The Text of the Present Edition   10
     Glossing the Gloss   13
     The *traditio studii* Behind Comestor's Gospel
        Lectures   21
     The Manuscripts   27
     Editorial Principles   35

Glosae super Euangelia glosata   39
     I. *Glosae super Matthaeum glosatum*   41
     II. *Glosae super Marcum glosatum*   64
     III. *Glosae super Lucam glosatum*   96
     IV. *Glosae super Iohannem glosatum*   114

Appendix: *Glossa ordinaria*   137

Bibliography   146

Preface

The TORONTO MEDIEVAL LATIN TEXTS series is published by the Pontifical Institute of Mediaeval Studies for the Centre for Medieval Studies at the University of Toronto. The series produces affordable editions, generally based on a single carefully chosen manuscript, suitable for use in university-level courses in medieval Latin. In approving projects, the editorial board bears in mind the pedagogical utility of the texts proposed. Since the appearance in 1972 of its first volume, the series has produced over thirty such editions, volumes 1 to 30 edited by A.G. Rigg, and volumes 31 through 35 by David Townsend, with Anna Burko and Philippa Matheson, respectively, as editorial assistants. With volume 36 the series comes under the editorship of Greti Dinkova-Bruun and Alexander Andrée. We are deeply indebted to George and David for their sustained and tireless work as general editors and for setting a daunting standard to emulate.

While classroom utility and affordability remain hallmarks of the enterprise, the series also aims to further original research by publishing previously unedited texts from reliable single-manuscript versions of particular textual, historical, and codicological interest and importance, in recognition that the scribal makers of such versions were important participants in the ongoing development of the text. The manuscript is emended only to restore sense, not to reconstruct an original authorial version or an archetype; the minimal critical apparatus omits variants irrelevant to the integrity of the selected manuscript. Manuscript orthography and syntax are carefully preserved. The scope and complexity of the notes depend on the difficulty of the text – on both linguistic and contextual levels – and thus varies from volume to volume.

The editorial board, beyond merely supervising, takes responsibility for reviewing all proposals, for examining all specimens of the work of the editors, and for final reading of all editions published. It decides on all matters of editorial policy.

As general editors, we would like to express our gratitude to the Centre for Medieval Studies for its continuing sponsorship of the series, and to the press of the Pontifical Institute and its unfailingly cordial and astute staff, particularly Fred Unwalla and Megan Jones. We owe special thanks to Andrew Dunning for his assistance in designing the new look of the series. Finally, we are deeply indebted to all members of the editorial board, past and present, for the generosity of their sustained involvement, without which the series could not exist.

GDB & AA

Acknowledgements

This little edition of the *accessus* to Peter Comestor's lecture courses on the glossed Gospels began in a setting not at all unlike Master Peter's school of the sacred page. During the course of our doctoral work at the Centre for Medieval Studies, Alexander Andrée presided over a palaeographical reading group, *Sacra pagina*, where we first made a concatenation of warm acquaintances: with Peter 'the Eater,' with twelfth-century Gloss manuscripts, and with one another. It is for this reason, as well as for the thankless task of directing our theses (both, little coincidentally, involving critical editions of Comestor's *Glosae*), that our principal debt of gratitude must be paid to *Magister noster*. Next, we cannot fail to express our gratitude to Greti Dinkova-Bruun, whose philological rigour and painstaking editorial work have contributed much to the present edition, to say nothing of our other projects. Though neither of us had the good fortune to sit in his classroom, Joseph Goering has taught us more than we can easily express, both about the Middle Ages and our own – *quapropter maximas gratias*. Our warm thanks must extend to Fred Unwalla and Megan Jones of the Pontifical Institute of Mediaeval Studies, who are responsible for making such an elegant volume out of our sprawling manuscript. Thanks are also due to the editorial board of the TMLT series and our anonymous readers; the following pages would be a good deal worse were it not for their penetrating criticism. Additionally, we are indebted to the Médiathèque du Grand Troyes for graciously allowing us to examine *in situ* the manuscript which serves as the basis of this edition with due leisure. Our mutual friend Anthony Fredette must not go unmentioned: his companionship and scholarly acuity have profited us both immensely, particularly during our common years in Toronto. Finally, Simon would like to express his special thanks to his wife Colleen for her patience during his long hours spent in the company of long-deceased medieval masters, and David to his inimitable friends of the *Societas Domuscholarium Latinitatis Vivae*, particularly Kolya and Katherine Sidloski, into whose weekly *lectio* he intends to insinuate this little volume *in tempore opportuno*.

DMF & SW
2 JULY 2021
In Visitatione B.M.V.

Sigla and Abbreviations

A	Arras, Bibliothèque municipale, MS 564
B	Paris, Bibliothèque nationale de France, MS lat. 15269
I	Paris, Bibliothèque nationale de France, MS lat. 645
R	Troyes, Médiathèque du Grand Troyes, MS 249
T	Troyes, Médiathèque du Grand Troyes, MS 1024

a.c.	*ante correctionem*
add.	*addidit*
del.	*deleuit*
hom.	*homoioteleuton*
interl.	*interlinearis (sc. glossa)*
marg.	*marginalis (sc. glossa)*
om.	*omisit*
prol.	*prologus*
uid.	*uidetur*
⟨ ... ⟩	*addendum*

CCCM	*Corpus Christianorum, Continuatio Mediaevalis*
CCSA	*Corpus Christianorum, Series Apocryphorum*
CCSL	*Corpus Christianorum, Series Latina*
CSEL	*Corpus Scriptorum Ecclesiasticorum Latinorum*
MGH.SS	*Monumenta Germaniae Historica, Scriptores*
PG	*Patrologiae cursus completus. Series Graeca*
PL	*Patrologiae cursus completus. Series Latina*

Introduction

It remains uncertain how Master Peter of Troyes (d. 1178) first came to be called Comestor or Manducator, 'the Eater.' Some modern historians rather unimaginatively observe that *Comestor* was a family name in twelfth-century Champagne, where our master may have been born before he was sent to study in Troyes.[1] Truer to the medieval imagination, however, is the opinion that Peter's disciples could best account for the master's encyclopedic knowledge of the sacred page by alleging that he devoured books whole.[2] However he came by his excellent sobriquet, Peter appears to have received his early instruction in Troyes, where he became dean of the city's cathedral chapter by 1147.[3] Little more is known about this initial period of Peter's life, excepting that he likely pursued his studies in Tours under John of Turonia, a disciple of Anselm of Laon.[4] Equally obscure

---

1. See Saralyn R. Daly, "Peter Comestor: Master of Histories," *Speculum* 23 (1957), 62–73, at p. 62.

2. This latter provenance also better accounts for the fact that Peter's contemporaries addressed him by two Latin synonyms (*Comestor, Manducator*) amounting to the same epithet. Moreover, Peter's epitaph, quoted by Robert of Auxerre, seems morbidly to pun on the master's reputation for devouring wisdom: "Petrus eram, quem petra tegit, dictusque Comestor, | nunc comedor. Viuus docui, nec cesso docere | mortuus ..." – "I was Peter ["the rock"], whom this stone now covers, once called the Eater, now I am eaten. While living I taught, nor dead do I cease to teach." See Robert of Auxerre, *Chronicon*, ed. Oswald Holder-Egger, MGH.SS, 26 (Hannover, 1882), p. 242.

3. Daly, "Master of Histories," p. 65.

4. See Ignatius Brady, "Peter Manducator and the Oral Teachings of Peter Lombard," *Antonianum* 41 (1966), 454–490, at p. 485.

is the exact date that Peter came to study in Paris, where he would pass the remainder of his academic career. Some scholars are inclined to suggest that Comestor already began to frequent the Parisian schools in the late 1130s, before Peter Abelard's notorious departure from the city.[5] In any event, it is clear that Comestor commenced his theological training well before 1158 (Peter Lombard's final year in the classroom), since Comestor witnessed the Lombard's oral teaching for a considerable length of time before succeeding him as a master of the sacred page at Notre Dame, the cathedral school of Paris.[6] Here, Comestor held the chair of theology until 1169, when he delegated it to his student Peter of Poitiers – likely on account of the additional responsibilities that our master had inherited with his appointment to the chancellorship of the cathedral school in the preceding year.[7] After a long and distinguished career of teaching *sacra pagina* in Paris, Peter retired to the Abbey of St. Victor in 1178, where he died some time later.[8]

5. See for example, Matthew Doyle, *Peter Lombard and His Students* (Toronto, 2016), pp. 168–169; David Luscombe, "Peter Comestor," in *The Bible in the Medieval World: Essays in Memory of Beryl Smalley*, ed. Katherine Walsh and Diana Wood (Oxford, 1985), pp. 109–129, at 110.

6. Brady, "Peter Manducator," *passim*, but see for example p. 457. Alexander Andrée suggests that Comestor was in the Lombard's classroom by at least the early 1150s; see Alexander Andrée, "*Sacra Pagina*: Theology and the Bible from the School of Laon to the School of Paris," in *A Companion to Twelfth-Century Schools*, ed. Cédric Giraud (Leiden, 2020), pp. 272–314. Furthermore, a mid-thirteenth century chronicler asserts that the two masters were teaching side-by-side in 1158, the year before Lombard's elevation to the city's bishopric; see Otto of St. Blaise, *Continuatio San-Blasiana*, ed. Roger Wilmans, MGH.SS, 20 (Hanover, 1868), p. 308.

7. Daly, "Master of Histories," pp. 65–67.

8. The master's death is generally dated to 1178, although contemporary records are not unanimous on this date; see Daly, "Master of Histories," pp. 72–73.

The *Glosae super Euangelia glosata*

While a number of extant works bear witness to Comestor's teaching at various stages of remove from the classroom (in particular, a manual on the sacraments, a sizeable corpus of sermons, a collection of *quaestiones*, and an *accessus* to Peter Lombard's *Sentences*),[9] the extraordinary celebrity that 'the Master of Histories' would enjoy in the final years of his life (and indeed, for the remainder of the Middle Ages) was due to his monumental textbook of biblical history, the *Historia scholastica*. First 'published' between 1169 and 1173,[10] the *Historia* became one of the most frequently cited works in the scholastic period, as attested by its preservation in some eight hundred manuscripts.[11] The *Historia* represents the culmination of Comestor's magisterial activity in the Parisian schools, and it was here that Master Peter first earned his formidable reputation and attracted a 'multitude of scholars' to witness his biblical teaching.[12] Although, in all

9. Many other works have been ascribed to Comestor, although their attribution remains doubtful. Perhaps the most thorough census to date of Comestor's literary corpus appears in David Luscombe, "Peter Comestor," pp. 109–129. For the *accessus*, see Riccardo Saccenti, "The *Materia super libros Sententiarum* Attributed to Peter Comestor: Study of the Text and Critical Edition," *Bulletin de philosophie médiévale* 54 (2012), 155–215.

10. See Mark Clark, *The Making of the Historia scholastica, 1150–1200* (Toronto, 2015), pp. 5–6.

11. Agneta Sylwan notes that there are over 800 Latin manuscripts preserved of the *Historia scholastica*, not to mention the numerous translations into over a dozen vernacular languages; see Agneta Sylwan, "Petrus Comestor, *Historia scholastica*: Une nouvelle édition," *Sacris erudiri* 39 (2000), 345–382, at pp. 351–353.

12. This phrase (*collecta est multitudo scolarum*) occurs in a laudatory *Introitus super Historiam scholasticam* produced by an anonymous disciple, which circulated in some early copies of the master's work. For example, Troyes, Médiathèque du Grand Troyes, MS 290, fols. 51rb–52ra.

probability, Peter Comestor was the first disciple of Lombard's to deliver a course of lectures on the *Sentences*,[13] the only known records of the master's oral lectures are the student reports of his courses on the four Gospels, the *Glosae super Euangelia glosata* (henceforth the *Glosae*).[14] Until now, scholars have been unable to fix a certain date to Peter's *Glosae*, particularly since the master is known to have lectured on the Gospels continuously and on multiple occasions throughout his career. Nevertheless, it is most probable that the lectures as they have been preserved were delivered in the 1160s, before the initial publication of the *Historia scholastica*.[15]

Originally recorded by students in the classroom, each set of lectures – one set for each Gospel – is extant in approximately twenty manuscript witnesses, spanning on average from fifty to ninety folia. Although these student reports contain no indication of where one lecture ends and another begins, a number of Comestor's remarks appearing in the prefatory materials edited below (to Matthew, Mark, and John)[16] suggest that the average

13. See for example, Matthew Doyle, *Peter Lombard and His Students* (Toronto, 2016), pp. 172–173.

14. But see Alessia Berardi, "The *Glose super glosas Ysaie*: A New Work by Peter Comestor?," *Scriptorium* 74 (2020), 159–209, who suggests that a commentary on Isaiah previously attributed to Stephen Langton may in fact represent Comestor's *lectiones* on the Isaiah Gloss.

15. For the assertion that the *Historia scholastica* presupposes Comestor's lectures on the glossed Gospels, see Clark, *The Making of the Historia scholastica*, pp. 84–156. For the most extensive discussion yet undertaken of the dating of the *Glosae super Euangelia glosata*, see David M. Foley, *Peter Comestor's Lectures on the* Glossa 'ordinaria' *on John (ca. 1165): An Historical Introduction with a Critical Edition*, PhD Thesis (University of Toronto, 2020), Chapter I.3.

16. In each of the following instances, Comestor is explaining to his students why he saw fit to lecture first on the prologue (or *proemium*) from the

lecture would constitute approximately 1,800 to 2,000 words. In the case of John, Comestor's *Glosae* comprise some 87,000 words, suggesting that the entire lecture course would have been delivered in approximately forty-eight lectures.[17] It is possible, therefore, that Comestor could have lectured on all four of the glossed Gospels within a single academic year. These classroom lectures (*lectiones*) were originally taken down in the form of rough student transcripts (*reportationes*) by one or more student-reporters, who were probably appointed to this function by their master or colleagues. Following this dynamic, in-class process of *lectio* and *reportatio*, the notes were likely presented to the master (on wax tablets or parchment) for him to revise

glossed Gospel at hand in preference to the other glosses that it contains. In every case, Master Peter's concern is to provide his students with a lecture of satisfactory length – neither too long nor too short: Matt., § 3, 333–335: "Et de hac glosa sumptus est introitus, nec alia ratione legitur proemium ante eam nisi quia proemium sufficit uni lectioni, glosa autem non sufficeret"; Marc., § 5, note at 370 (appearing as an accretion in MS *I*, 36rb): "Proemium legit magister [Comestor] ante alias glosas, quia ille non sufficerent ad unam lectionem et prologus satis sufficit"; Ioh., § 2, 111–113: "... nimis modica esset lectio si quis ante prologum legeret solum introitum, nimis prolixa si quis cum introitu legeret prologum. Primo ergo legemus prologum." The example from Mark above represents a student's third-person explanation Comestor's procedure, which was originally written in the margin of a copy of the *Glosae*.

17. This calculation is elaborated more fully in Alexander Andrée, "Peter Comestor's Lectures on the *Glossa 'Ordinaria'* on the Gospel of John: The Bible and Theology in the Twelfth-century Classroom," *Traditio* 71 (2016), 203–234, at pp. 211–214. Andrée makes a similar calculation for Comestor's Matthew lectures; see Alexander Andrée, "*Caue ne facias uim in tempore!* Peter Comestor and the Truth of History," in *Felici curiositate. Studies in Latin Literature and Textual Criticism from Antiquity to the Twentieth Century in Honour of Rita Beyers*, ed. Guy Guldentops, Christian Laes, and Gert Partoens (Turnhout, 2017), pp. 515–550, at 524.

and approve, prior to their subsequent diffusion as cleanly-edited glosses.[18]

Despite the revision that these student notes underwent before their distribution, the *Glosae* as they have been preserved bear all the marks of the classroom in which they originated. In particular, oral formulae of various kinds appear regularly throughout them. The single interjection with which the student-reporter regularly betrays his presence in the *reportationes* is the *inquit*-formula, which appears whenever the student wishes to emphasize one of Comestor's magisterial opinions (*sententiae*) or to clarify the object of a personal reference. For instance, in the prologue to Luke, § 1, 72–73, the master addresses the class directly, which the student then signals with the use of *inquit*: "Legite, inquit, Iuuencum, qui similiter fuit uersificator euangelicus" – "Read, [the master] says, Juvencus, who was likewise a versifier of the Gospels." Another formula that scholars have long associated with student notes is the use of *magister* (*noster*), which in the *Glosae* represents Comestor's own speech as he refers to one of his own masters.[19] As historians have found elsewhere in Comestor's writings, these simple references to 'the master' or 'our master' are invariably traceable to Peter Lombard's *Sentences* or oral teachings.[20] Moreover, forms of the first-

18. A famous account of this process is provided by one Lawrence, Hugh of St. Victor's officially appointed student-reporter in the 1120s. See *Epistola Laurentii*, ed. Ambrogio Piazzoni, in "Ugo di San Vittore auctor delle *Sententie de Diuinitate*," *Studi Medievali* 23 (1982), 861–955.

19. For the first discussion of the *inquit-* and *magister-*formulae in reference to Comestor's *Glosae*, see Beryl Smalley, "Some Gospel Commentaries of the Early Twelfth Century," *Recherches de théologie ancienne et médiévale* 45 (1978), 147–180, at p. 154.

20. See Brady, "Peter Manducator," pp. 465–479.

person singular (particularly *dico* and *inquam*) represent Comestor's speech, serving to emphasize a point that he is making to his students. Similarly, with the third-person plural Peter refers to the course of lectures as a collective enterprise (for example, *diximus*, 'we have discussed' and *legemus*, 'we will read') – a convention still observed in any modern classroom. Perhaps most evocative of the classroom setting are the imperative and jussive subjunctive forms of the second person (for example, *intelligite, nota, caue ne construas*), occurring most frequently in the singular, but occasionally in the plural, which represent Comestor's direct address to his students. These forms sometimes occur when the master is conducting the class through a particularly important or intricate interpretation; nevertheless, Peter most commonly addresses his auditors to provide instructions about how to follow his lecture from their biblical textbook, the *Glossa ordinaria* (or simply 'the Gloss').

Significantly, Comestor's are the earliest known lectures to comment, not simply on the Gospels, but on the glossed Gospels, or *Euangelia glosata* – that is, the sacred text as it circulated from the mid-twelfth century with a 'standard' (*ordinaria*) apparatus of marginal and interlinear glosses drawn from patristic writings.[21] In the prefatory material edited below, Comestor lectures on a series of prefaces drawn from the relevant book of the *Glossa ordinaria*. Here, Comestor provides a continuous, verse-by-verse exposition of each preface in a fashion resembling the 'literary' (*i.e.* composed rather than orally delivered) commentaries of the period. However, when the lectures turn to the Gospel text itself – a transition that the reader will not encounter

21. See for example, Beryl Smalley, "Peter Comestor on the Gospels and His Sources," *Recherches de théologie ancienne et médiévale* 46 (1979), 84–129, at p. 129.

in the present volume – Comestor's spirited application of the *Glossa ordinaria* as a biblical textbook becomes almost indecipherable without a familiarity with the master's *modus legendi* and direct access to the text of the Gloss. Taking the biblical lemmata as the foundation of his *lectio*, Comestor proceeds to reorder the marginal and interlinear glosses corresponding to each verse to provide a continuous exposition of the text according to a theological theme or particular sense of Scripture (one traditional schema being literal, allegorical, and tropological). This process often involves Comestor extracting and interweaving portions from various glosses into his discussion, as he directs his students to follow along in their own copies of the Gloss with a series of oral instructions: *lege glosam, hic dimitte, post hanc illam, resume ubi dimisisti,* etc.[22]

Despite the fact that Peter lectured on the *Glossa ordinaria* (rather than merely on the Gospels as such), manuscript copies of the four lecture courses tend to exhibit the generic title *Glosae super Euangelia,* which more properly describes simple commentaries on the biblical text.[23] Due to the novelty of

---

22. For several apt descriptions of Comestor's method of 'reading' the Gloss, see Gilbert Dahan, "Une leçon biblique au XIIe siècle: Le commentaire de Pierre le Mangeur sur Matthieu 26, 26–29," in *Ancienne Loi, Nouvelle Loi,* ed. Jean-Pierre Bordier, Littérature et revelation au Moyen Âge 3 (Paris, 2009), pp. 19–38; Clark, *The Making of the Historia scholastica,* pp. 59–71; Andrée, "Peter Comestor's Lectures on the *Glossa 'ordinaria,'"* pp. 215–228. All of these accounts are careful to emphasize the physical presence of the students' personal Gloss books in the classroom.

23. Thus, for instance, Anselm of Laon's commentary on John (which would subsequently serve as the basis for much of the John Gloss) circulated under the title *Glosae super Iohannem;* see Alexander Andrée, "Introduction," in *Anselmi Laudunensis Glosae super Iohannem,* CCCM 267 (Turnhout, 2014), pp. xxv–xxvii.

'glossing the Gloss' in the mid-twelfth century, it should come as little surprise that contemporary scholars had not yet devised a specific nomenclature for identifying such lectures. Nevertheless, the witness that serves as the basis for the present edition (Troyes, Médiathèque du Grand Troyes, MS 1024, detailed below) describes Comestor's glosses as being, not 'on the Gospels,' but *super glosas Euangeliorum*. By the end of the twelfth century, other such glosses on the glossed Bible came increasingly to be identified as *glosae super glosas*, as a commentary on the Isaiah Gloss and another on the glossed Psalms (both attributed to Comestor) testify.[24] A similar formulation appears in a thirteenth-century codex containing a different commentary on the glossed Psalter, also ascribed to our master Peter: "Notule quedam super Psalterium glosatum. Petrus Manducator."[25] In keeping with this practice, as well as that observed by medieval librarians of cataloguing individual books of the *Glossa ordinaria* as *glosatus* to distinguish them from simple copies of the biblical text,[26] Peter Comestor's lecture courses on the four glossed Gospels may be most appropriately rendered as *Glosae super Euangelia glosata* or *Lectures on the Glossed Gospels*.

---

24. Paris, Bibliothèque nationale de France, MS lat. 14417, fol. 210r: "Expliciunt glose super glosas Ysaie"; Troyes, Médiathèque du Grand Troyes, MS 770, fol. 1r: "Postille magistri Petri Manducatoris super glossas Psalterii." The attribution of the former to Comestor is a modern one. See again Berardi, "The *Glose super glosas Ysaie*."

25. Rouen, Bibliothèque municipale, MS 129 (A. 518), fol. 5r.

26. See for example, Lesley Smith, *The Glossa Ordinaria: The Making of a Medieval Bible Commentary* (Leiden, 2009), p. 3.

The Text of the Present Edition

Until now, excepting short fragments of the *Glosae super Euangelia glosata* published in the form of appendices and articles, not even a partial edition of any of Comestor's lectures may be found in print.[27] Encompassed in this initial venture into Peter Comestor's *Glosae*, then, are the prefatory materials with which the master's lecture courses on the glossed Gospels commence, together constituting a series of *accessus* to the four Gospels.[28]

27. Gilbert Dahan has provided transcriptions of the four initial prologues to Peter Comestor's lecture courses on the glossed Gospels in "Les exégèses de Pierre le Mangeur," in *Pierre le Mangeur ou Pierre de Troyes: Maître du XIIe siècle*, ed. Gilbert Dahan, Bibliothèque d'histoire culturelle du Moyen Âge 12 (Turnhout, 2013), pp. 49–87, at 73–87. Likewise, Mark Clark has printed a transcription and translation of the prologue to Comestor's lecture course on the John Gloss in "The Search for Peter Lombard's Glossed Bible," pp. 94–97. Alexander Andrée has also provided a transcription of one of Comestor's prefatory lectures on the John Gloss in "Peter Comestor's Lectures on the Glossa 'Ordinaria,'" pp. 230–232. Finally, Hans Hermann Glunz printed the initial prologue to Comestor *Glosae super Marcum glosatum* (albeit under a misattribution to Robert Grosseteste) as an appendix in *History of the Vulgate in England from Alcuin to Roger Bacon, Being an Inquiry into the Text of Some English Manuscripts of the Vulgate Gospels* (Cambridge, 1933), pp. 356–359.

28. Although the term *accessus* underwent significant development in the literature of the medieval schools and universities, we are here using this term in a simple sense, like Comestor does in these lectures (see below, Ioh., § 2, 106–108), to signify a general introduction to a text, its structure, and its author. For further reading on the *accessus ad auctores* in the twelfth and thirteenth centuries, see Edwin A. Quain, "The Mediaeval *accessus ad auctores*," *Traditio* 3 (1945), 215–264; and Richard W. Hunt, "The Introductions to the *Artes* in the Twelfth Century," in *Studia mediaevalia in honorem Raymundi Josephi Martin* (Bruges, 1948), pp. 84–112. For the use of the *accessus* in biblical commentaries, see Gilbert Dahan, "Les prologues des commentaires bibliques (XIIe–XIVe siècles)," in *Lire la Bible au moyen âge. Essais d'herméneutique médiévale* (Geneva, 2009), pp. 57–101, at 63–68.

Each lecture course begins with a magisterial prologue (or *ingressus*, to use Comestor's term), which provides a general introduction to the Gospel at hand. These prologues are stylistically quite distinct from the conspicuously oral lecture material that follows; bearing all the marks of deliberate, literary composition, each *ingressus* displays a varied and elegant Latinity, an extensive use of sources, and a studied typological structure based on an Old Testament theme. In fact, the four *ingressus* represent some of the earliest known examples of an emergent style of scholastic prologue identified by Alastair Minnis as the 'sermon-type': a kind of prologue mysteriously originating in the mid-twelfth century that introduces biblical commentaries with a pericope from another book of Sacred Scripture, and which achieved notable popularity throughout the thirteenth century at the University of Paris.[29] In the prologue to Comestor's *Glosae super Iohannem glosatum*, for instance, the master begins with the figure of old and new fruit drawn from the Song of Songs 7:13: "Omnia poma noua et uetera seruaui tibi, dilecti mi," which he then relates to the Old and New Testament, before dextrously drawing the four Gospels and, finally, John the Evangelist into his typological edifice. All four of the *ingressus* exhibit this same general structure and exegetical movement from an Old Testament figure to the evangelist at hand. Additionally, each *ingressus* concludes with a set of *circumstantiae*, or 'arts headings,' which represent an innovation within the realm of biblical exegesis derived from the tradition of liberal arts commentary stretching back to antiquity. The three *circumstantiae* that the master defines in relation to each Gospel are the *materia* (subject matter), *intentio* (the author's intention for writing), and *modus*

29. Alastair J. Minnis, *Medieval Theory of Authorship: Scholastic Literary Attitudes in the Later Middle Ages*, 2nd ed. (London, 1988), p. 64.

agendi (his manner of treatment).[30] Although scholars had previously assumed, not unreasonably, that these four prologues prefixed to Peter's lecture courses represent the master's own compositions, recent scholarship suggests that they were, in fact, originally produced by Comestor's master, Peter Lombard – a theory which will be examined below.

Following the prologue in each set of *Glosae*, Peter proceeds to lecture on a series of prefaces drawn from his biblical textbook, the *Glossa ordinaria*. At this stage of his lecture course, Comestor begins to 'read' (*legere*) the prefaces individually, offering a continuous, lemmatic treatment of their contents in order to clarify points of grammar and interpretation. With the exception of his lectures on the Mark Gloss, Peter begins each course by reading the 'Monarchian' prologues that circulated in all four of the glossed Gospels.[31] These ancient prefaces were misattributed by medieval scholars to Jerome, and Comestor identifies them in each case as the *proemium* or *prologus Ieronimi*.[32] After the prologue, each glossed Gospel includes one or more additional prefaces which precede the biblical text itself. These texts derive indirectly from a variety of ancient sources (principally the Latin Fathers), and they all serve to provide a general introduction to the sacred text and its author. Unlike the 'Monarchian' prologues, these prefatory materials bear no relation to one another, and the number and length of introductory glosses varies

30. This particular series of *circumstantiae* conforms to the "type C" accessus defined by Minnis, *Medieval Theory of Authorship*, pp. 40–58.

31. In the *Glosae super Marcum glosatum*, Comestor lectures on the 'Monarchian' prologue only after reading the other prefaces from the Gloss.

32. For a history of the so-called 'Monarchian' prologues, see John Chapman, *Notes on the Early History of the Vulgate Gospels* (Oxford, 1908), pp. 217–288.

amongst the glossed Gospels.[33] Master Peter's estimation of these glosses is equally variable; whereas, for instance, he lectures on three prefaces from the Mark Gloss, he disdained to read the single preface from the Luke Gloss, which elsewhere he laconically describes as *adhuc obscurum*.[34] Peter generally refers to these prefaces simply as *glosa*, the same term that he later uses to identify marginal glosses on the biblical text.

Glossing the Gloss

Even in the introductory sections of Peter's lecture courses on the four glossed Gospels, in which the master 'reads' a series of glosses individually and in a linear fashion, it is essential for the reader to have some familiarity with Comestor's method of 'glossing the Gloss.' When commenting on the prefatory materials from the Gloss, Comestor's exposition typically begins with a short passage (generally between three and six words) from the gloss at hand. After isolating his lemma, Peter might proceed to elucidate its contents in a number of different ways and at various levels of interpretation, ranging from simple explanations of syntax to extended theological discursions. At all times, how-

33. In some cases, most notably that of the Matthew Gloss, different copies of the same glossed book circulated in a "bewildering number of versions," especially in the prefatory material; see Andrée, "*Sacra Pagina*," p. 286. Remarkably, we have even discovered an early s. XIII copy of the Matthew Gloss that begins with what appears to be an adaptation of the magisterial prologue to Comestor's *Glosae super Matthaeum glosatum* (Matt., § 1); the copy is Durham, Dean and Chapter Library, MS A. III. 25, 3ra–4ra.

34. Marc., § 4, 340–341: "... proemium ante prologum Luce, ubi habetur: *Lectorem obsecro* et cetera, quod adhuc obscurum est."

ever, Comestor's meandering exegesis proceeds according to an ordered and identifiable pedagogy. The principal forms of Comestor's *modus legendi* observed in the lectures below may be described as follows:

1. *Parataxis:* To conduct his students to a basic comprehension of the syntax of the Gloss text, Peter will string together a series of lemmata (often in a simpler grammatical order than the original text) and intersperse them with his own comments, which vary from simple explanations of individual words to substantial interpretations of the text. Even in instances of the latter, however, Comestor dextrously clings to the thread of the gloss at considerable length. For example (Matt., § 2, 206–212):

> PRESVMENS, id est ante sumens uel preponens, PRINCIPIA DVORVM, supple 'hominum,' ut sit 'duorum' masculini generis, id est premittens duos homines quasi principia, IN GENERATIONE CHRISTI, id est in genealogia texenda, VNIVS premittens, scilicet principium, VNIVS, id est unum hominem tamquam principium, CVIVS PRIMA CIRCVMCISIO IN CARNE FVIT, id est qui primus ex mandato Dei circumcidit carnem preputii sui ...

> TAKING UP BEFORE, that is treating before or placing first, THE BEGINNINGS OF TWO, supply 'men,' so that 'of two' may be masculine in gender, that is, 'placing two men before as beginnings,' IN THE GENERATION OF CHRIST, that is, in constructing His genealogy, by placing before that OF ONE, namely the beginning OF ONE, that is one man as a kind of beginning, WHOSE FIRST CIRCUMCISION WAS ONE OF THE FLESH, that is, who first circumcised the flesh of his foreskin by the commandment of God ...

This excerpt illustrates the manner in which Comestor 'hops' from lemma to lemma in order to preserve, and indeed accentuate, the overall structure of the passage in general, while he simultaneously isolates specific features for additional explanation.

2. *Paraphrase:* Master Peter, like any teacher, devotes a significant amount of time to paraphrasing from his textbook, the *Glossa ordinaria.* Frequently, he introduces paraphrases with the formulae *id est, quasi (dicat),* and *acsi dicat.* Similarly, he will often make explicit that which is grammatically implied by his lemma with the imperatives *supple* and *intellige.* When he wishes to impress upon his students the general sense or substance of a gloss, Peter offers his synopsis with an introductory *et est sensus, est summa,* or more simply *et est.* At other times, the master begins by explaining the rationale of the gloss (or that of the one who putatively composed it; for example, Jerome, in the case of the 'Monarchian' prologues), then he presents the relevant portion to his students with the demonstrative *et hoc est.*

3. *Digression:* The passages in the *Glosae* that promise to be of the highest interest to contemporary readers (as, indeed, they must have been to Peter's auditors) are the instances in which Comestor launches into an extended disquisition upon a subject that he has abstracted from the gloss at hand. Most predictably, Master Peter is provoked into elaborate digressions when the Gloss touches upon an historical theme (for example, the miraculous circumstances of John's death)[35] or a theological problem (for example, the preeminence of the married state under the Old Law),[36] although the variety of subjects about which

35. Ioh., § 2, 255–273.
36. Ioh., § 2, 136–155.

Comestor can feelingly discourse is quite impressive. One striking example in the prefatory material is the master's characterization of the different types of prefaces according to the analogy of a harpist.[37] Furthermore, previous scholarship has highlighted the way in which Comestor draws his students into the ancient world of the Bible through these digressions by making connections between salient aspects of biblical history and current events, as well as contemporary social and religious practices that would have been familiar to his students.[38] For instance, in the Matthew lectures, Comestor jokes about his students' eating habits, makes observations about fishing practices, warns about the temptations faced by royal secretaries to abuse their power, and even mocks his rival masters of Bologna.[39] For those now reading the lectures, such passages serve as a reminder that these lecture *reportationes* are the written vestiges of a dynamic exchange that took place between the Master and his disciples, and not the sort of dreary, abstruse, and labyrinthine treatises that are frequently (and unjustly) associated with the term 'scholastic.'

4. *Dialectic:* The intention behind all of Peter Comestor's biblical teaching may be understood as follows: to train his students in theological reasoning. To this end, Comestor uses the Gloss as a dialectical tool. Even when he is commenting on the prefatory glosses, the master is careful to impress upon his students the various approaches to interpretation of which the

37. Marc., § 4, 336–347.
38. See Smalley, "Peter Comestor on the Gospels and his Sources," pp. 120–128, and especially Emmanuel Bain, "La travail du maître dans le commentaire sur l'évangile de Matthieu," in *Pierre le Mangeur ou Pierre de Troyes*, pp. 89–123, at 90–92.
39. Bain, "Le travail du maître."

sacred page and its glosses admit. Occasionally, Comestor will pursue this end by introducing authorities that stand in apparent contradiction to one another on a theological problem or point of interpretation (for example, the Fathers' discordant treatment of the four animals in Ezekiel's vision).[40] More commonly, Peter demonstrates the dynamic nature of biblical study by presenting different readings of the same passage, which he signals with the expression *uel ita*. Similarly, Comestor will introduce an interpretation of different versions of the sacred text (*i.e.* variants observed among copies of the Gloss, or in the Greek or Hebrew originals) with *alia littera*. Because the letter stands as the foundation of all theological science, Comestor concentrates his dialectical teaching around the literal force of the sacred page. By showing that the text may be legitimately understood in multiple ways at the level of grammar and syntax, Comestor teaches his students to approach more subtly the spiritual realities lying beneath the veil of the letter.

However Comestor chooses to explicate the biblical text and its glosses, it is possible to observe a number of the principal interests animating the master's biblical teaching. While previous scholarship has placed undue emphasis on the role of antiquities, archaeology, and liturgical descriptions in Peter's exegesis,[41]

40. Luc., § 1, 67–80.

41. Of course, these subjects do feature into Comestor's lectures on occasion, but they are properly understood as constituents of the literal dimension of the master's biblical programme. That scholars have conventionally characterized the *Glosae* with almost exclusive reference to these idiosyncrasies can be traced back to the foundational article for studies of Comestor's glossed Gospels, namely, Smalley, "Peter Comestor on the Gospels," pp. 115–123.

often to the exclusion of its more characteristic features, Mark Clark has identified the two foundational principles behind all of the master's doctrine: *littera* and *mysterium*.[42] While Clark proposes this schema principally with reference to the senses of Scripture, it is possible to elaborate these two principles to encompass more fully Comestor's aims as a master of the sacred page. Accordingly, we may say that the former, *littera*, encompasses not only the literal-historical sense of Scripture, but also the disciplines upon which Comestor draws to explain the literal meaning of the sacred text and the historical sequence of events surrounding it: above all, the trivium of grammar, logic, and Ciceronian rhetoric. As readers will not fail to observe in the selection from the *Glosae* edited below, Comestor had constant recourse to the methods and devices of the medieval liberal arts, in which students of the *sacra pagina* would have already received a thorough instruction.[43]

Throughout the lectures, Comestor freely employs the *colores rhetorici* in order to explain the often idiomatic language of the Vulgate Latin Gospels. These terms for describing figurative language, which were primarily drawn from the common grammar manuals derived from the antique writings of Aelius Donatus and Priscian, explain difficult or strange expressions in the Gospels, and include such technical terms as *pleonasmos, antithesis, inculcatio uerborum, geminatio, antipofora, antonomasia,* and *synecdoche,* to name only some of those occurring most frequently. Moreover, Comestor gives free rein to critical tools

42. Clark, *The Making of the Historia scholastica*, "History and Mystery," pp. 71–83.

43. See Alexander Andrée, "Peter Comestor and the Tools for Biblical Interpretation: Grammar, Rhetoric, Criticism," in *Exegesis of Holy Scripture from Origen to Lorenzo Valla*, ed. Valeria Ingegno (Turnhout, forthcoming).

taken from the domain of logic, especially the nascent fields of supposition theory and advanced syntactical analysis,[44] both of which emerged and were most fruitfully developed in Paris during the latter half of the twelfth century, when Comestor lectured.

Not only do these lessons in rhetoric, grammar, and logic help to situate Comestor's lectures on the *Glossa* within a distinctly Parisian, pre-university scholastic *milieu*, but they also reveal something essential about his attitude towards the *sacra pagina*: the Bible supplied everything that one needed to know. For a medieval master, the difficulty with formal biblical study was not only the task of making the ancient story of the life and salvific enterprise of Jesus Christ relevant to members of a society and culture that differed in important aspects from the one represented in the Gospels, but also the challenge of extracting as much and as many types of wisdom from them as was possible. For the *sacra pagina* was no mere textbook; it was the divine Word of God, and it had been written by human agents operating under the influence of the Holy Spirit in order to illustrate to humanity all that was essential for eternal salvation.

Consequently, no hermeneutic or analytical tool was proscribed, provided that it had some legitimate pedigree. The task of studying the foundational literature of the *fides catholica* required a truly universal academic approach, and any genuine advances made in the fields of the humanities and sciences could be adopted, if done so carefully. In the case of the *artes liberales*, sufficient approval could be found throughout the writings of the Church Fathers as well as in the teachings of more recent masters, all of whom, despite varying degrees of initial

44. See for example, Comestor's distinction between the *relatio laxa* and *relatio discreta* below: Marc., § 5, 501–512.

scepticism, largely came to accept that it was necessary to incorporate the literary sciences as discovered and developed by
the pagans of antiquity into the study of the Christian Bible in
order to understand it more fully. The philological exploration
of what we might consider 'history,' therefore, becomes in the
hands of a skilled master such as Comestor a way of bridging
the gap between the human world of historical events and the
divinely ordained History of Salvation, including its Trinitarian
and Christological dimensions. Grammatical, logical, and
rhetorical exposition of the Bible and its *Glossa* consequently
leads Peter and his pupils quite naturally into Catholic theology proper, which some scholars have characterized in this context as 'scriptural.'[45]

As a result, the category of *mysterium* (the veiled, ultimate
meaning of the text) properly constitutes not only the spiritual
senses of the sacred page, but also the theological investigation
that emerges from a deeper comprehension of these senses. Indeed, for Peter Comestor, "theology arises from the exegesis of
the Bible, and [Comestor's] theological enterprise is firmly
rooted at its beginning in sacred scripture."[46] The master's lectures on the glossed Gospels illustrate how medieval theology
commenced with a rigorous study of the textual foundations of
the Catholic religion, namely the Bible and its authoritative patristic commentators. In turn, these sources of knowledge were
examined through the lens of contemporary textbooks such as
the *Glossa ordinaria*, and with recourse to the ancient and slowly
accumulated methods of Greco-Roman textual criticism and
philology.

45. Andrée, "Peter Comestor's Lectures on the *Glossa 'ordinaria*,'" p. 229.
46. Ibid.

The *traditio studii* Behind Comestor's Gospel Lectures

While the genesis of the *Glossa ordinaria* and the authorship of its constituent books belong to a vast and largely uncharted history, it is certain that the Gloss was originally instigated by the biblical teaching of Masters Anselm and Ralph at the School of Laon in the first quarter of the twelfth century.[47] Although recent scholarship suggests that the two famous brothers did not produce any books of the Gloss themselves, their written commentaries and oral teachings would be used by their followers in the subsequent elaboration of various glossed books. Throughout his lectures, Comestor himself bears witness to the Laon brothers' place in the Gloss tradition on the Gospels.[48] For instance, as we find in his prefatory material to the Mark Gloss below, Peter suggests *ex silentio* that the two masters glossed the other three Gospels (Marc., § 3, 282–284): "MARCVM PENE INTACTVM, quia pedissecus est Mathei, etiam pro difficultate eum intactum reliquerunt antiqui, nec legit eum magister Anselmus nec magister Radulfus" – "MARK NEARLY UNTOUCHED, because he was the follower of Matthew, and on account of its difficulty even the ancients left his Gospel nearly untouched, nor did Mas-

47. For one of the best introductions to the *Glossa ordinaria* published to date, see Alexander Andrée, "Introduction," in *Gilbertus Universalis: Glossa Ordinaria in Lamentationes Ieremie Prophete; Prothemata et Liber I; A Critical Edition with an Introduction and a Translation*, Studia Latina Stockholmiensia 52 (Stockholm, 2005). Additionally, see Lesley Smith, *The Glossa Ordinaria*, which serves as a useful survey of the twentieth-century historiography.

48. See Andrée, "Introduction," in *Gilbertus Universalis*, p. 21, n. 70, and p. 22; Smalley, "Some Gospel Commentaries," pp. 151–152. Here, Smalley incorrectly suggests that the two masters lectured from the Gloss itself. More recent scholarship, however, makes it clear that their teaching would be used to compile the Gloss by a subsequent generation of scholars.

ter Anselm or Master Ralph lecture on it." Modern historiography has confirmed Master Peter's suggestion that Laonnoise teaching served as the foundation of the glossed Gospels of Matthew and John, although the origin of the other two books remains less certain.[49]

However it achieved its finished form, the *Glossa ordinaria* on the four Gospels would find its way from Laon to Paris by the middle of the century. Nevertheless, before the Gloss reached Paris, it was studied by Zachary 'Chrysopolitanus,' master of the cathedral school at Besançon from 1131 to 1134 and canon of the priory of St. Martin at Laon from at least 1157.[50] Zachary is the first scholar whose extant writings make extensive use of the *Glossa ordinaria*. The master's *Vnum ex quattuor*, which survives in over one hundred manuscripts, circulated widely in the late-twelfth and early thirteenth century. This Gospel concordance, not unlike Comestor's *Historia euangelica*, presents the disparate accounts of the four Gospels in a single narrative, perennially employing the Gloss (always anonymously) as an authority for solving any discrepancies that resulted from this enterprise.[51] Though modern scholarship has largely ignored Zachary's writings, Comestor seems to have found them quite useful, as he drew lessons from the *Vnum ex quattuor* on how to incorporate the Gloss into his pedagogy. Likewise, Peter's lectures contain a

49. That the Matthew Gloss seems to have been developed out of a commentary on the Gospel composed by Ralph of Laon (which, in turn, made extensive use of his brother Anselm's commentary), see Bain, "La travail du maître," pp. 94–95. For the central importance of Anselm's *Glosae super Iohannem* for the compilation of the John Gloss, see Andrée, "Introduction," in *Glosae super Iohannem*, p. xiii.

50. See Beryl Smalley, *The Gospels in the Schools, c. 1100–c. 1280* (London, 1985), pp. 30–31.

51. Smalley, *The Gospels in the Schools*, p. 31.

significant number of parallels with and apparent citations from Zachary's exegesis, such that Beryl Smalley firmly believed that Comestor "had Zachary before him" in the classroom while lecturing.[52]

Nevertheless, the figure whom scholars have identified as playing the decisive role in the incorporation of the Gloss into the Parisian classroom is none other than Comestor's master, Peter Lombard. Not only did the *Glossa ordinaria* serve as the *fons perennis* for the Lombard's monumental textbook of theology, the *Sentences*,[53] but also as the basis for his classroom teaching on the sacred page.[54] From a preliminary study of Comestor's lectures, Smalley and Ignatius Brady discovered numerous references to Peter Lombard's oral teaching on the glossed Gospels, suggesting that the Lombard himself was one of the first masters to lecture from these books.[55] In his choice to devote much of

---

52. Smalley, *The Gospels in the Schools*, p. 32. We cannot, however, support Smalley's assertion *ad litteram* in respect to the Gospel lectures; the infrequency and vagueness of Peter's references to the *Vnum ex quattuor* suggest that our master did little more than occasionally consult Zachary's concordance in preparation for his lectures. Nevertheless, Comestor's extensive use of the *Vnum ex quattuor* in the composition of his *Historia euangelica* rather more closely fits the situation that Smalley describes.

53. Ignatius Brady, *Prolegomena*, in *Magistri Petri Lombardi Parisiensis episcopi Sententiae in IV libris distinctae*, 2 vols. (Grottaferrata, 1971–1981), 1:119*.

54. For a broader discussion of the importance of the Gloss in Peter Lombard's theological programme, see Foley, *Peter Comestor's Lectures on the Glossa 'ordinaria' on John*, Chapter II. 2, "The Glossed Bible in the Parisian Classroom."

55. For references to Lombard's oral teaching on the Matthew and Luke Glosses, see Smalley, "Some Gospel Commentaries," pp. 154–157. For evidence that Lombard lectured on the glossed books of Mark and John as well, see Brady, *Prolegomena*, 2:42*–44*.

his teaching career to lecturing on the glossed Gospels, then, Peter Comestor was simply following his master. Since the Lombard's lecture materials on the biblical Gloss have not come to us intact, it is impossible to determine the extent to which Comestor's *Glosae* rely upon those of Peter Lombard. Nevertheless, from instances like those identified by Smalley and Brady, it is reasonable to assert with the latter that "Comestor held in his hands the glosses of his Master."[56]

Evidence from the prefatory material edited below provides still further support for Brady's assertion. The most compelling clue that Comestor leaves us to uncover the Lombard's influence over his own lectures occurs in a brief comment following the magisterial prologue to his lectures on the John Gloss (Ioh., § 2, 105–108):

> Nota quod Augustinus, qui precipue exposuit Iohannem, fecit introitum qui sic incipit: "Omnibus diuine scripture paginis." Sed magister ad introitum Augustini quodammodo preparauit ingressum, ut commodior esset accessus.

> Note that Augustine, who devoted his attention especially to John, composed an introduction (*introitum*) which begins thus: "[This Gospel is greater] than all the pages of sacred scripture." But the Master in a certain fashion prepared an entryway (*ingressus*) to Augustine's introduction, in order that there might be a more expedient approach (*accessus*) [*i.e.* to John's Gospel].

---

56. Brady, *Prolegomena*, 2:27*: "Testimonium enim Comestoris monstrat quod ipse in manibus textum [*sc.* Glosas] Magistri habebat."

To understand the force of these remarks, one must first recognize that the speech represents Comestor's own (not that of his student-reporter). The so-called *introitus Augustini* is one of the prefaces from the John Gloss, originally composed by Anselm of Laon and subsequently attributed to Augustine. Most significantly, as Mark Clark was able to demonstrate, the *ingressus* that "the Master prepared to Augustine's preface" in order to provide a more complete introduction to the Gospel is identical to the initial prologue preceding these comments (see § 1), while "the Master" is none other than Peter Lombard, to whom Comestor routinely refers with the simple title *magister*.[57] Due to the similarities of structure, content, and literary form observed among the four *ingressus*, it is thus entirely plausible that Peter Lombard originally composed the prologues preceding Comestor's *Glosae* on the other three Gospels as well, which the latter master would have read aloud to his class prior to commencing his own course of lectures, as he seems to have done with John.[58] Several other pieces of evidence scattered among the prefatory materials below support this hypothesis, such as Comestor's subsequent, third-person reference to the prologues as external sources, which would be quite unintelligible if he had composed them himself.[59]

57. See Mark Clark, "The Biblical Gloss, the Search for Peter Lombard's Glossed Bible, and the School of Paris," *Mediaeval Studies* 76 (2014), 57–113, at pp. 88–113.

58. For the probable Lombardian authorship of the prologues to all four of Peter Comestor's lecture courses on the glossed Gospels, see David M. Foley, "The Prologues to Peter Comestor's *Glosae super Euangelia glosata*: Vestiges of Peter Lombard's 'Lost Glosses' on the Gospels?" (in preparation).

59. In the present edition, Comestor refers to the prologues as external sources (with the adverbs *extrinsecus* and *extra*, as opposed to *supra* and *prius* with which he typically refers to previous portions of his own lectures) in two instances. The first occurs in the Matthew glosses, where Master Peter cites

Accordingly, Comestor's *Glosae* are deeply embedded in a tradition of biblical teaching surrounding the *Glossa ordinaria,* which originated in the School of Laon and developed in the Parisian schools at the hands of Peter Lombard. Not only does Comestor represent our most eloquent witness to this *traditio studii* by identifying the glossators and citing the oral teachings of his master, but Peter himself is also a decisive figure in the tradition. Indeed, the *Glosae super Euangelia glosata* represent a significant development in the history of the Gloss, which in Comestor's oral teaching served as a theological textbook. Although Peter alludes to other contemporary masters who read the Gloss in their schools,[60] the *Glosae* are the first identified scholastic lecture courses to observe the practice of lecturing on the marginal and interlinear glosses of the *Glossa ordinaria* alongside the biblical text.[61] It is thus that the *telos* of the Gloss, which was to serve as a scholastic tool for masters of theology, was fully

the prologue in these terms: "Ostendit [Ieronimus] consequenter quare tantum quatuor euangelia ab ecclesia recepta sunt, et hoc totum ex his que *extrinsecus* dicta sunt patet" (Matt., § 3, 353–361, referring to Matt., § 1, 57–66). The second occurs in the John glosses, where Comestor refers back to "the master's *ingressus*" in much the same fashion: "In prima parte [prologi] est commendatio euangelii, et in uno tantum prefertur aliis scripturis ... cum *extra* dictum sit quia preminet in tribus" (Ioh., § 4, 320–325, referring to Ioh., § 1, 27–30).

60. Comestor occasionally alludes to how other masters chose to punctuate and interpret the text of the Gloss, which implies a contemporary network of Parisian oral teaching centered around the *Glossa ordinaria*. See, for example: Marc., § 5, 397–398: "Et uide quia quidam sic distingunt: DEI ET PETRI FILIVS. Sed melius sic: EVANGELISTA DEI, PETRI FILIVS"; Ioh., § 3, 190–193: "Quidam enim hic distingunt: OPVS INCORRVPTIBILIS VERBI INCHOANS, et postea addunt: SOLVS VERBVM CARNEM FACTVM ESSE OSTENDIT."

61. Smalley, "Peter Comestor on the Gospels," p. 84.

realized in Comestor's classroom, and it is for this reason that Comestor's lectures on the glossed Gospels are equally a product of tradition and innovation.

The Manuscripts

According to the preliminary census of the manuscripts appearing in Stegmüller's *Repertorium biblicum,* between fifteen and twenty copies survive for each set of Peter Comestor's *Glosae super Euangelia glosata.*[62] Generally speaking, the four lecture courses circulated individually, or with one or two other sets of *Glosae,* in miscellaneous scholastic codices of the late-twelfth or early-thirteenth century. Nevertheless, we have been able to identify eight manuscripts in which all four of Comestor's *Glosae* have been preserved as a set. Apart from the Troyes manuscript (described below) that we ultimately selected for the basis of this edition, we have been able to consult five of these manuscripts while preparing our text,[63] which are listed as follows:

62. Friedrich Stegmüller, *Repertorium biblicum medii aevi,* 11 vols. (Madrid, 1950–1980), nos. 6575–6578. It is worth noting that Comestor's *Glosae super Marcum glosatum* have been preserved in two, and perhaps three, distinct versions (Stegmüller, *Repertorium,* nos. 6576–6576,2), which may represent the same lecture course given on different occasions. All but one of the manuscripts that we have consulted while preparing this edition (P = Paris, Bibliothèque nationale de France, MS lat. 620) contain the most common of these versions (Stegmüller, *Repertorium,* no. 6576), which we have chosen to edit here.

63. The two manuscripts of which we have been unable to obtain full digital reproductions are Cambridge, Pembroke College, MS 75 (C) and Rome, Biblioteca Vallicelliana, MS B. 47 (V). Nevertheless, we have examined these copies in person and were able to determine that they are inferior to the witness selected for this edition.

A = Arras, Bibliothèque municipale, MS 564 (0623). Parchment, i + 260 + i fols., 320 × 225 mm, St. Vaast, saec. XIII[1]. Peter Comestor, *Glosae super Euangelia glosata* (Matt., Luc., Ioh., Marc.); Stephen Langton, *Glosses on Isaiah and Apocalypse*; Anonymous, *Glosses on the Canonical Epistles*. 2° fol. inc.: *figuram prefiguratus esset.*

B = Paris, Bibliothèque nationale de France, MS lat. 15269 (Sorbonne 143). Parchment, ii + 152 + i fols., 360 × 270 mm, Paris, saec. XIII[1]. Peter Comestor, *Glosae super Euangelia glosata* (Ioh., Luc., Matt., Marc.). 2° fol. inc.: *quia iesus est filius dei.*

I = Paris, Bibliothèque nationale de France, MS lat. 645. Parchment, i + 158 + i fols., 260 × 170 mm, 2 cols., France, saec. XII[4]. Peter Comestor, *Glosae super Euangelia glosata* (Ioh., Marc., Luc., Matt.). 2° fol. inc.: *ambrosius in prologo quem facit.*

P = Paris, Bibliothèque nationale de France, MS lat. 620. Parchment, 270 + i fols., 265 × 200 mm, 2 cols., Fontenay, dioc. Autun (s. XV), saec. XII[4]. Peter Comestor, *Glosae super Euangelia glosata* (Matt., Marc., Luc., Ioh.). 2° fol. inc.: *ipsius domini id est quem elegit.*

R = Troyes, Médiathèque du Grand Troyes, MS 249. Parchment, i + 242 + i fols., 345 × 260 mm, Clairvaux, saec. XIII[2]. Joachim of Fiore, *De Concordia Veteris et Noui testamenti, Expositio super Apocalypsin*; Petrus Provincialis, *Sermones*; Peter Comestor, *Glosae super Euangelia glosata* (Matt., Marc., Luc., Ioh.). 2° fol. inc.: *scientium ad dexteram.*

From our examination of the above manuscripts, we determined on palaeographical grounds that none of these copies was produced before about the last decade of the twelfth century. Similarly, after collating various portions of the lectures, we were able to establish the textual maturity and stemmatic relations among witnesses with reference to a distinctive feature observed throughout the manuscript tradition of the *Glosae*: the occurrence of accretions (or subsequent additions to the text, traceable in most cases to Comestor and his students), which originated as marginal glosses and were subsequently incorporated into the main text.[64] Although only one such accretion occurs in the prefatory material edited below,[65] these additions have helped us to determine, on textual grounds, that none of the manuscripts listed above contains a more primitive version of the *Glosae* than the following witness, felicitously housed in Comestor's birthplace, which we describe in full:

---

64. In his landmark monograph on the *Historia scholastica*, Mark Clark identified magisterial additions to the text occurring in the manuscripts according to three progressive stages: 1) As 'extrinsic' glosses (either marginal or interlinear), 2) as 'intrinsic' glosses (copied into the principal column of text but clearly demarcated from the main body, generally with lines), or 3) as an undifferentiated part of the principal text; see Clark, *The Making of the Historia scholastica*, pp. 173–174. The situation posed by the accretions in Comestor's *Glosae* is much the same as that of the *Historia* described by Clark. For a closer study of the content and origin of these additions in the *Glosae super Iohannem glosatum*, see Foley, *Peter Comestor's Lectures on the* Glossa 'ordinaria' *on John*, Chapter IV.2, "Magistralis adiectio."

65. Ioh., § 3, 152–159. In *T*, this accretion occurs in the second stage of textual evolution described above, viz. as an 'intrinsic' gloss delineated within the main column of text.

T = Troyes, Médiathèque du Grand Troyes, MS 1024. Parchment, i + 275 + i fols., 300 × 220 mm, Clairvaux, saec. XII (a. 1175–1185). Peter Comestor, *Glosae super Euangelia glosata* (Matt., Marc., Luc., Ioh.). 2° fol. inc.: *domini extorsit a domino saul.*

The binding of *T* is from around the eighteenth century, quarter-leather over cardboard with five raised bands. The parchment displays some minor defects throughout: tears, sewings, small excisions. Like a great number of manuscripts coming into the possession of Troyes at the time of the French Revolution, this codex was originally housed at Clairvaux. The front pastedown is blank. An ex-libris on the verso of the front flyleaf, written in a tidy hand from the early thirteenth century, records the donation of this manuscript to the Abbey: "Glose super euangelistas. | Liber sancte marie claruallis datus a Bartholomeo guidonis agricole filio."[66] A bolder, more mannerly hand from the same period has written above: "Postille magistri Petri manducatoris. super glosas euangeliorum." Directly below, a couple of near-contemporary but obsolete pressmarks have been crossed out ("E. 31," "F. 20"), with the mark "E. 71" still intact. This pressmark reappears on fol. 274v and again on the rear pastedown. A later hand has written of Comestor on the top of the flyleaf,

66. Bartholomew appears to have been an early thirteenth-century scholar or bibliophile, and he is recorded to have donated seven manuscripts to the Abbey of Clairvaux; notably, glossed copies of Luke and John, and Peter Lombard's *Magna glosatura* on the Psalms. In fact, this copy of Peter Comestor's *Glosae super Euangelia glosata* represents the only volume traceable to this donor that is not a book of the Gloss; see Jean-Paul Bouhot and Jean-François Genest, *La Bibliothèque de l'abbaye de Clairvaux du XIIᵉ au XVIIIᵉ siècle*, 2 vols. (Paris, 1997), 2:747.

"claruit 1160." On the bottom of fol. 1r, the modern stamp for the Bibliothèque de Troyes appears. No further indications of provenance are present.

The codex has been too tightly rebound for us to determine precisely the physical construction of its quires. Apart from the fourth set of glosses, however, which may have originally circulated as an individual booklet (see below), there is no internal evidence to suggest that the manuscript's first three parts originated separately and that they were subsequently bound together. Diligently copied and displaying a notable consistency of script and production throughout, the initial three sets of glosses appear to represent a uniform edition of Comestor's glossed Gospels produced by an institutionally affiliated group of scribes, which was later supplemented with the John Glosses. The unusually clean state of the text and its margins, together with the large format of the codex, suggest that this was intended as a library copy. On palaeographical grounds,[67] as well as on the manner in which textual accretions occur (either as marginal or 'intrinsic' glosses, or not at all), this set of glosses seems to capture Comestor's lectures in an early stage of their textual development. *T*'s four sections can be described as follows:

1) fols. 1r–87v: Peter Comestor, *Glosae super Matthaeum glosatum*. Written above top line in a tidy French hand, likely dating from the early fourth quarter of saec. XII, the script is determi-

---

67. While the catalogue of the Abbey Library of Clairvaux conjectures an early thirteenth-century production of this manuscript ("XIIIᵉ siècle, début"), the scripts used are more suggestive to us of the last quarter of the twelfth century; see Bouhot and Genest, *La Bibliothèque de l'abbaye de Clairvaux*, 2:309.

nately Protogothic. Thus, the text is quite round of aspect and lightly abbreviated. Notable features include: uncrossed Tironian *et*; insular *enim* abbreviation; complex ductus of *g*; occurrence of upright *d* with preference for uncial form; and very little 'biting' (or fusion) of opposite curves. Glosses and lemmata are underlined throughout. Small spaces occur in the text quite frequently, indicating that the exemplar was defective or difficult to read. Some gibbets appear, though there is very little division of the text. A few of the folia have been trimmed very tightly in the upper margin, once at the expense of a line of text (fol. 66). A later hand has included chapter numbers in the lower margins and headings in the upper. Catchwords appear throughout, preceded (in this set of glosses exclusively) by the ponderous formula: "quaternus qui sic incipit sequitur istum." Excepting several elongated *nota*-signs, the margins are virtually empty. These glosses show no sign of accretions and may represent a very early stage of their textual development. Fol. 1r: The page is pricked in the outer margin and ruled in hard point for two columns (each of 75 mm) and 49 lines of text. Preceded by a rubricated initial extending eight lines, the glosses begin with the prologue: "Fecit deus duo luminaria in firmamento celi." Fol. 87v: The glosses conclude partway down the first column: "quasi arra [*sic*] future mercedis." No further explicit appears, and the rest of the page is left blank.

2) fols. 88r–140r: Peter Comestor, *Glosae super Marcum glosatum*. Layout is the same as described above. Palaeographically very close to the preceding hand(s). These glosses have been written by multiple scribes, although changes to the script are minute. The upper margins are heavily trimmed, and the heading (*Marcus*) has been lost on several occasions; similarly, the

catchwords in the lower margins are often trimmed down. The text still displays small lacunae throughout. This set of the *Glosae* exhibits a number of accretions, both marginally and as 'intrinsic' glosses. The latter are initially delineated in the column and are later spaced from the main text in the column and marked with gibbets. (Accretions appearing in this latter manner abound nearer to the end of the glosses). Margins are otherwise quite clean, apart from a small number of scribal corrections and the same type of *nota*-signs as in the preceding text. Fol. 88ra: The more common version of the Mark glosses here begins with the prologue: "Vidi et ecce quatuor quadrige egrediebantur." Over half of the second column has been left blank, and the text on either side of the lacuna ("Lucas per secundam | intelligitur uita eterna") does not correspond. The same phenomenon occurs again on fol. 89va ("a dignitate siue ab officio | ostendit hoc ipso"); evidently, the scribe was copying from a defective exemplar. Fol. 140rb: The Mark glosses conclude: "Marcus longe inferius scilicet a predicatione Iohannis. De hoc Glosa." The latter half of the column is left blank, as well as the verso of this folio. Four parchment stubs appear before the following set of glosses.

3) fols. 141r–215v: Peter Comestor, *Glosae super Lucam glosatum.* The layout is consistent with the preceding sets of glosses, although some of the folia have been ruled for longer columns of up to around 56 lines. The script is a contemporary French Protogothic, written in multiple hands palaeographically very similar to those above, though somewhat more laterally compressed. The first of these (replaced at fol. 165v) displays several distinct characteristics: generally bolder and of a more angular aspect; *c-t* ligature is used; the letter *a* displays a stub rather than a second compartment; the letter *g* has a simpler ductus; lemmata and

glosses are indicated with sublinear dots. Following this scribe, lemmata and glosses are underlined. Accretions appear fairly regularly throughout, both as marginal and neatly delineated 'intrinsic' glosses. The upper margins are tightly trimmed, sometimes at the expense of headings, and only a few catchwords in the lower margins have survived. Little marginal activity is observed otherwise. Small lacunae continue to appear in the text. Fol. 141r: Incipit: "Pedes eorum pedes recti et planta pedis eorum quasi planta pedis uituli." Fol. 183: This folio has been cut in half (vertically) and pasted between two quires, after which a change of hand occurs. The scribe has only used the first seven lines of the verso. Text resumes as normal on the following folio. Fol. 191v: After this folio, a parchment stub appears; the following quire begins in a distinct hand. Fol. 215v: The text ends at the bottom of the folio, with the scribe having thriftily ruled four extra lines, as well as having written two lines into the lower margin: "ego uobiscum sum usque ad consummationem seculi. Explicit."

4) fols. 216r–275r: Peter Comestor, *Glosae super Iohannem glosatum*. The layout has altered: the columns are rather narrower (around 70 mm), while the lower margin has been expanded. The text now spans approximately 43 lines. Pages have been double pricked in both margins. The initial hand – which is responsible for the majority of the glosses – is quite distinct from the preceding hands, and has the aspect of a slightly more antiquated Protogothic, though still Northern French: the writing is more spacious between letters and words and not quite so rounded; almost no 'biting' of opposing curves is displayed; ascenders and descenders are longer; the scribe shows a definite predilection for the upright *d*, with the uncial form reserved for

initials; the *e*-caudata appears throughout. Glosses and lemmata are indicated with sublinear dots, until a change of scribe at fol. 272r. Accretions appear only before the scribal change – principally as 'intrinsic' glosses demarcated within the main column, although some marginal accretions do occur. As before, headings in upper margins have sometimes been trimmed down. Again, the margins are almost entirely clean. The initial folio (together with the rear flyleaf) is mildly soiled, and a piece of thread has been sewn into the lower margin of fol. 216r. Taken together with the change of script and format, these features suggest that the current set of glosses originally circulated as a separate booklet. Fol. 216r: The prologue begins, with a simple blue initial extending four lines. Incipit: "Omnia poma noua et uetera seruaui tibi dilecte mi." Fol. 267: The lower half of the outer column has been excised, though none of the text appears to be missing. Fol. 272r: The sole scribal change occurs between quires. This second hand much more closely resembles those responsible for the preceding sets of glosses. Fol. 275rb: The glosses conclude halfway down the right-hand column. Explicit: "et si habes in glosa: non dicit spacio temporis et cetera." The remainder of the folio is blank. Fol. ir: The same hand which provided the note of donation on the front flyleaf adds an ex-libris: "liber sancte Marie clare uallis." The remainder of the rear flyleaf and pastedown are blank.

Editorial Principles

By reason of its early production and the primitive state of its text, we have selected Troyes, Médiathèque du Grand Troyes, MS 1024 (*T*) as the *codex optimus* from which to prepare the present edition of the prefatory material to Peter Comestor's *Glosae super Euangelia glosata*. Consequently, we have adopted the text of this witness to the greatest extent possible. Nevertheless, a number of unambiguous errors occur in T that we have been constrained to emend; particularly, instances of homoioteleuton, garbled lemmata, and lacunae.[68] In all such cases, we have corrected the text according to the common testimony of the five remaining manuscripts listed above and reported the errors of T in the *apparatus criticus* to the edition. Because almost every reading from T that we have rejected constitutes a singular error against the remaining manuscripts that we have consulted, the entries included in this apparatus are negative.

Generally speaking, we have adopted the orthography of T. Following the common practice of the scribes, the diphthongs *oe* and *ae* have been collapsed into *e*, and the minuscule letter *u* and the majuscule *V* represent both the consonantal and the vocalic and semi-vocalic sound. The prevalent confusion of the letters *y* and *i* has been retained in words like *mistice* and *Ysaia*. Since the manuscript includes the letter combination *ci* for the assibilated *ti* only fitfully, we have normalized such occurrences according to classical usage. Similarly, we have standardized the orthography of proper names according to the prevailing usage of the scribes. The use of minuscules and majuscules has been adapted to modern standards, according to which we have capitalized the *nomina sacra* and various common nouns used for proper names

---

68. Two particularly egregious lacunae appear in the *Glosae super Marcum glosatum*, each spanning about half a column in T: see Marc., § 1, 77–111, and § 5, 389–425. In these instances, we have supplied the missing text from Paris, Bibliothèque nationale de France, MS lat. 645 (*I*), while correcting its text against the three remaining witnesses, *i.e.*, manuscripts *A*, *B*, and *R*.

(for example, *beata Virgo*). Although we have introduced a modified, non-medieval punctuation to clarify the sense and syntax of the *Glosae*, we have endeavoured to punctuate the text to reflect the oral rhythm of Comestor's lectures. Particularly, in instances where the master weaves together a series of lemmata and comments on them in a paratactical fashion, we have avoided the use of full stops. Throughout, we have used italics to indicate biblical quotations and small caps to signal lemmata drawn from the Gloss text. In instances where Peter quotes from a non-biblical source verbatim, we have tended to indicate the citation with double quotation marks, whether or not our master acknowledges the reference. Single quotation marks are used for phrases introduced by *supple* and *quasi-* or *acsi-dicat*, and in instances when Comestor singles out an individual word for comment. For the convenience of the reader, we have also added headings together with section numbers, to identify distinct sections of the text. Although the headings have no correspondence in the manuscript witnesses, they observe Comestor's *usus scribendi* as closely as possible.

The present edition includes a critical apparatus which mostly records the erroneous readings of *T*; manuscripts *ABIR* are also consulted for the sections missing in *T*, and the variant readings found in them are recorded in the *apparatus criticus*. Below the text on each page, the editors also provide a commentary which clarifies unusual grammatical constructions and vocabulary, contextual and historical circumstances, and other textual features of special interest. These notes include biblical references, as well as references to the patristic, Carolingian, and contemporary sources to which Comestor alludes during the course of his lectures. Finally, because Comestor's exposition of the *Glossa ordinaria* presupposes that his students have a copy of the glossed Gospel before them, we have found it necessary to include an Appendix which reproduces the portions of the Gloss on which Comestor is lecturing in his class. Generally, the master provides a thorough, lemmatic exposition of each gloss, but in the instances in which Comestor quotes from a particular gloss only sparingly, we have underlined the lemmata that he cites for ease of reference. With continual recourse to the Appendix, readers will more readily follow the thrust of Comestor's commentary, especially on points of grammar and syntax. The glosses in the Appendix are signalled by asterisks at the beginning of new sections in the edition.

PETER COMESTOR

Glosae super Euangelia glosata

Accessus to the Glossed Gospels

Edited from
Troyes, Médiathèque du Grand Troyes, MS 1024

I. Glosae super Matthaeum glosatum

1. PROLOGVS

/1ra/ *Fecit Deus duo luminaria magna in firmamento celi: luminare maius ut preesset diei et luminare minus ut preesset nocti.* Per firmamentum celi satis eleganter sacra scriptura intelligitur, siue in tali uerborum iunctura transitio siue intransitio intelligatur. Ipsa enim est firmamentum celi, id est firmamentum quod est celum, quia et firmamentum est et celum. Celum, quia con- 5

---

2 magna: *om. T*

2–3 *Fecit ... nocti:* Gen. 1:16; *in firmamento celi:* Gen. 1:14.

5 *in tali uerborum iunctura:* 'in such a combination of words' (namely, *firmamentum celi*). ◆ *transitio siue intransitio:* according to the formal logic of Comestor's time, 'transitivity' occurs whenever an agent (subject) transfers something through an act (verb) to another thing (direct object); thus, as the master will suggest below, a transitive relation is observed between *sacra scriptura* and *firmamentum celi* because the Holy Scriptures strengthen the saints (*firmat eos*) as the firmament safeguards the heavenly bodies. On the other hand, 'intransitivity' occurs whenever an agent acts but does not transfer anything to an object; hence, *sacra scriptura* designates *firmamentum celi* intransitively, owing to the simple likeness (*conuenientia*) that it bears towards both *firmamentum* and *celum*, as the master describes.

7 *est²:* the subject of this verb, *ipsa* (whose antecedent is *scriptura*), is carried over from the previous clause. With this simple predicate construction, the master indicates that *scriptura* is in some way identical to both *firmamentum* and *celum* (*et ... et*), which he goes on to explain. ◆ *Celum:* understand 'sacra scriptura est'; *sacra scriptura* remains the implied subject for the following verbs: *continet, designatur.*

7–11 *Celum ... continet que celata. ... Firmamentum ... firma subsistit:* ob-

tinet que celata sunt a seculis, quia celat archana deitatis. Vnde et
crebro celi nomine designatur pro quadam conuenientia pro-
10   prietatis, ut ibi: *Celum sicut liber plicabitur,* et alibi: *Extendens
celum sicut pellem.* Eadem firmamentum est, quia firma subsistit
ueritatis fundamento subnixa, quia eius ueritas est solida, im-
mobilis, inconcussa. Vnde ab apostolo dicitur *columpna ueritatis.*
Sic sacra scriptura firmamentum celi dicitur intransitiue.

15   Eadem firmamentum celi transitiue dicitur, quasi firmamentum celorum, id est sanctorum, qui celi nomine significan-
tur, ut ibi: *Celi enarrant gloriam Dei,* et alibi: *Celum mihi sedes est.*
Talium profecto celorum, id est sanctorum, firmamentum est
sacra scriptura, quia firmat eos et roborat, ne sol per diem uel
20   luna per noctem eos adurat, id est ne prosperitas eleuet uel
aduersitas deprimat. Facit quoque ut *exitus matutini et uesperi*

---

12 ueritas: ueritatis *T a.c.* | est: *om. T*

serve the master's quasi-etymological wordplay as he establishes an analogy
between *scriptura* and *firmamentum celi.*

9–10 *conuenientia proprietatis:* 'agreement of properties.' A scholastic
term that indicates the precise manner in which two things have some essential likeness.

10 *Celum ... plicabitur:* Is. 34:4.

10–11 *Extendens ... pellem:* Ps. 103:2.

11–12 *firma subsistit ueritas fundamento subnixa:* 'the truth stands resting
firmly upon its foundation.'

13 *columpna ueritatis:* 1 Tim. 3:15.

17 *Celi ... Dei:* Ps. 18:1. ♦ *Celum ... est:* Act. 7:49.

18 *Talium profecto celorum:* 'by the emergence of such heavenly bodies.'

19–20 *ne sol ... adurat:* cf. Ps. 120:6.

20–21 *ne prosperitas ... deprimat:* cf. Gregory the Great, *Homiliae in
Hiezechielem,* lib. 2, hom. 7, 662.

21–22 *Facit quoque ... delectent eos:* the subject of the main verb (*facit*) is
again *sacra scriptura,* while the nominative plural *exitus* ('the outgoings' or

(uel '-e') delectent eos, id est hoc effecit in eis ut, siue per pros-
pera siue per aduersa transeant, utrimque cum quadam iocundi-
tate pertranseant. Sic sacra scriptura et transitiue et intransitiue
dicitur firmamentum celi.   25

   In hoc firmamento celi, id est in sacra scriptura, posuit *Deus
duo luminaria: luminare maius ut preesset diei et luminare minus
ut preesset nocti.* Per luminare minus intelligitur Moyses ueteris
legis lator; per luminare maius intelligitur Christus noue legis
dator, de quo: *Erat lux uera* et cetera, qui de se ait: *Ego sum lux*   30
mundi. Et satis eleganter Moyses lune comparatur uel quantum
ad se uel quantum ad testamentum quod edidit, quia et ipse mu-
tabilitati subiacuit et testamentum ab eo editum mutationem recepit. Testamentum enim datum a Christo testatoris morte firmatum est et ideo ratum; testamentum latum a Moyse ratum   35
non fuit et ideo mutatum. Et sicut luminare minus, id est Moyses legis lator, prefuit nocti, id est legi uel populo rudi, sic et
maius luminare, id est Christus, prefuit euangelio tamquam diei

---

23 aduersa: diuersa *T* | utrimque: utrumque *T*

'fading away') is the subject of the *ut*-clause; *exitus matutini et uesperi*: Ps.
64:9.

   26–28 *Deus ... nocti*: Gen. 1:16.

   28–30 *Per luminare minus ... dator*: cf. Gottfried of Admont, *Homiliae
dominicales,* hom. 64, PL 174:441BC.

   30 *Erat lux uera* et cetera: Ioh. 1:9.

   30–31 *Ego ... mundi*: Ioh. 8:12.

   34–35 *Testamentum ... ratum*: The master here takes recourse to legal ter-
minology, latent in the terms 'Old' and 'New Testament.' Thus, the new will
(*testamentum*) is validated and ratified (*firmatum et ratum*) by the death of
the one who has produced the will (*morte testatoris*). See Hebr. 9:17; Augustine, *De diuersis quaestionibus,* q. 75, 2–6.

uel populo gratie illuminato luce fidei: *Quia lex per Moysen data*
40   *est, gratia et ueritas per Iesum Christum facta est.* Gratia, id est fides
cum dilectione, ueritas in promissorum exhibitione. Lex enim
per Moysen data promittebat sed non conferebat, morbum de-
tegebat sed non sanabat, peccata prohibebat sed medicinam non
adhibebat, imperabat sed non impetrabat. Que omnia supplet
45   gratia, quia et peccatis medelam adhibet et promissa exhibet,
quia fides impetrat quod lex imperat. Hec gratia facta est homini
per Christum datorem euangelii.

Sed cum tota sacra scriptura possit dici euangelium quantum
ad nominis interpretationem, quasi bona nuntians (*eu* enim
50   'bonum,' *angelus* 'nuntius'), sola tamen historia euangelica agens
de gestis Christi et doctrina euangelium dicitur. Et adhuc stric-
tius /**1rb**/ euangelium dicitur sola Christi doctrina, iuxta quod
ita diffinitur: euangelium est annuntiatio humane salutis facta
ore proprio saluatoris. Annuntiata est quidem salus nostra ore
55   prophetarum, ore patriarcharum, sed annuntiatio facta ore saluatoris antonomasice dicitur euangelium, quasi 'bonum nuntium.'

Sed cum sit unum tantum euangelium, id est una euangelica
historia, sunt tamen quatuor euangelia, id est quatuor uolumina
de uno euangelio agentia, id est de una euangelica historia. Sed
60   cum multi legantur scripsisse euangelia ut Bartholomeus,

39–40 *Quia lex ... facta est:* Ioh. 1:17.

42–44 *data promittebat ... non impetrabat:* cf. Peter Lombard, *Magna glosatura in Psalmos*, Ps. 70:17, PL 191:652.

46 *fides ... imperat:* Augustine, *Enarrationes in Psalmos*, Ps. 118:16, n. 2.

49–50 *eu enim ... 'nuntius':* cf. Isidore, *Etymologiae*, lib. 6, cap. 2, n. 43.

56 *antonomasia:* the substitution of an epithet for a personal name; here, where the proclamation of Christ (*annuntiatio*) is referred to as 'the good news' (*euangelium*).

59–62 *Sed ... recepta sunt:* cf. Jerome, *Commentarii in euangelium Matthaei*, praef., 5–15.

Thomas et Paulus, secundum quosdam et Nazarei, tantum
quatuor scriptorum euangelia ab ecclesia recepta sunt. Cetera in
desuetudinem abierunt, non pro sui improbatione sed pro sacramenti approbatione. Pro sacramento enim uoluit Deus scriptores euangeliorum ad hunc numerum redigi, scilicet tantum   65
quatuor euangelia recipi, et hoc pro causa multiplici.
    Primo ad ostendendam consonantiam utriusque testamenti.
Secundo ad significandum quod per euangelii doctrinam dila-
tanda erat fides Trinitatis per quatuor partes mundi. Tertio pro
misterio quadrige Aminadab, id est Christi. Quarto pro signifi-   70
canda liberatione humani generis a morte quadruplici. Quinto
pro misterio forme quadrate, que congruit perfectioni. Per quaternarium enim euangelistarum ostenditur consonantia duorum
testamentorum, ut sicut in ueteri testamento fuerunt quatuor
maiores prophete, ita in nouo quatuor euangeliste; sicut in ueteri   75

70 misterio: ministerio *T*

63–64 *sacramenti: sacramentum* ('mystery') appears throughout
Comestor's lectures according to the influential definition of Hugh of St. Victor, who, following Augustine, writes: "'Sacramentum est sacrae rei signum.'
Quemadmodum enim ... in una Scriptura duo similiter, littera et sensus, sic et
in omni sacramento aliud est quod uisibiliter foris tractatur et cernitur, aliud
est quod inuisibiliter intus creditur et praecipitur"; see *De Sacramentis*, PL
176:317BC. In this instance, *sacramentum* designates the spiritual truth made
manifest in the Church's canonical approbation of the four Gospels.

70 *Aminadab:* Aminadab is mentioned sporadically throughout the Pen-
tateuch (cf. Num. 1:7; Ex. 6:23), and he reappears in the Gospels in Christ's
genealogies (Matt. 1:4; Luc. 3:33). The operative reference here, however, is
to the Canticles 6:11: "Nesciui: anima mea conturbauit me propter quadrigas
Aminadab." Latin commentators have understood the speaker of this phrase
to be a personification of the Jewish Synagogue, and thus they interpreted the
four-horsed chariot to signify the four evangelists, while Aminadab foreshad-
ows Christ. See for example, Bede, *In Cant. canticorum*, lib. 4, cap. 6, 554–80.

duodecim minores prophete, ita in nouo duodecim apostoli;
sicut ibi unus legis lator, ita et hic unus euangelii dator.

    Per hoc etiam quod tantum recepti sunt quatuor scriptores
euangelii significatum est quod fidem Trinitatis per quatuor
80 mundi partes erant delaturi, et per idipsum significatum est quia
sunt quasi quatuor rote in quadriga Domini, cuius mentionem
facit Spiritus sanctus in Canticis per Salomonem, ubi dicit
sponsa: *Anima mea conturbata est propter quadrigas Aminadab*, id
est 'spontanei,' qui sponte usque ad mortem fuit obediens Patri,
85 cuius quadriga dicitur doctrina euangelii, quia per eam quasi per
quandam quadrigam per uniuersum orbem Christi fama uehitur, cuius quasi quatuor rote sunt quatuor scriptores euangelii.

    Per idipsum quoque significatum est quia per doctrinam euan-
gelii liberatum est genus humanum a morte quadrifida, id
90 est a transgressione quadruplici, quarum prima fuit transgressio
mandati Dei in paradiso, secunda transgressio legis naturalis, tertia transgressio legis scripte, quarta transgressio legis diuine, id
est euangelii. Per quaternarium quoque euangeliorum forme
quadrate misterium insinuatur, scilicet quod per doctrinam
95 euangelii homo quadratur, id est uirtutibus solidatur, quia sicut

78 sunt: *om. T*

    80 *erant delaturi:* 'they were to bear forth.' An active periphrastic in the
imperfect indicative.

    83 *Anima ... Aminadab:* Cant. 6:11.

    83–84 *id est 'spontanei':* cf. Jerome, *Liber interpretationis hebraicorum
nominum* 12.10.

    84 *usque ... Patri:* cf. Phil. 2:8.

    90–93 *prima fuit transgressio ... euangelii:* cf. John Beleth, *De ecclesiasticis
officiis,* cap. 40C.

    93–95 *Per quaternarium ... uirtutibus solidatur:* cf. Rabanus Maurus, *Com-
mentaria in libros II Paralipomenon,* lib. 1, cap. 3, PL 109:299. Following Rabanus, the master asserts that mankind is armed with the four cardinal virtues
(*homo quadratur*) through the teaching of the Gospel.

quadratum ex omni parte stat, sic doctrina euangelii nos undique
munit et roborat.

Ecce quare recepta sunt tantum quatuor euangelia. Sed quare
potius istorum euangelia quam aliorum? Tum quia diligentius
sunt euangelicam historiam prosecuti, et licet plerumque diuersa   100
dixerint numquam aduersa, tum quia isti quatuor per figuras
quatuor animalium in Iohannis et Ezechielis uisione sunt prefigurati: Matheus per hominem, quia eius intentio circa describendam Christi humanitatem uersatur, /1va/ quod inde patet, quia
a temporali generatione eius liber inchoatur; Marcus per leonem,   105
quia eius intentio circa resurrectionem precipue uersatur, unde
et eius euangelium et in uigilia et in ipsa die resurrectionis legitur; Lucas per uitulum, quia circa passionem precipue uersatur, in
qua se hostiam sacerdos obtulit Christus (uitulus enim erat hostia sacerdotalis), unde et a sacerdotio incipit; per aquilam Io-   110

100–101 *et licet ... numquam aduersa:* Anselm of Laon, *Epistola ad Heribrandum,* PL 162:1587A.

101–104 *isti quatuor ... sunt prefigurati:* Ezek. 1:4–21; Apoc. 4:6–8.

103–105 *Matheus per hominem ... inchoatur:* The evangelist Matthew is
here said to have concentrated on Christ's human nature, with reference to
the genealogy (*temporali generatione*) with which his Gospel begins.

107–108 *legitur:* Mark's Gospel contains a unique account of Christ's resurrection (Marc. 16), which was read at Masses on the Easter Vigil and on
Easter Sunday.

108–110 *Lucas per uitulum ... incipit:* Luke's Gospel is associated with
the priesthood, as it begins with a discussion of the priest Zachariah (father
of John the Baptist), and devotes special attention to the sacrificial
offering of Christ. This sacerdotal character of Luke's account is explain-
ed more fully in the master's prologue for that Gospel (see below,
Luc., § 1).

109–110 *uitulus ... sacerdotalis:* Ambrose, *Expositio euangelii secundum
Lucam,* prol., 119–122.

110–114 *per aquilam ... non potuisset:* cf. Ps. Augustine (Belgicus), *Sermones,* sermo 223, 59.

hannes, qui super alios uolauit et ad celum ascendit ceteris cum
Domino in terra gradientibus, quia theologie altitudinem adeo
alte intonuit quod, si paulo altius intonuisset, totus mundus eum
intelligere non potuisset.

115   Hee quatuor principales intentiones designate sunt per
quatuor figuras animalium, quorum unumquodque habebat
quatuor facies, et similiter quisque euangelista habet quatuor facies, quia unusquisque de Christo agit, cui congruunt ille quatuor
species, qui est homo nascendo, uitulus moriendo, leo resur-
120   gendo, aquila ascendendo. Notandum autem quia premissa
opinio de prefiguratione quatuor euangelistarum per figuras
quatuor animalium Ieronimi est, cui concordat Sedulius dicens:
    "Hoc Matheus agens hominem generaliter implet" et cetera.
Iuuencus quoque de Matheo et Luca Ieronimo consonat, sed de
125   Marco et Iohanne dissonat dicens Marcum per aquilam desig-
nari, Iohannem per leonem, hoc modo:
    "Marcus amat terras inter celumque uolare,
    Iohannes fremit ore leo similis rugienti."

---

117 euangelista: euangelistarum *T*   **123** generaliter: *om. T*   **124** Iuuencus:
om. T

115 *Hee = Hae.*

116–117 *habebat quatuor facies:* each of the creatures in Ezekiel's vision
has four faces (Ezek. 1:6), which the master equates with the four evangelists, each of whom treats the four properties of Christ's salvific career.

119–120 *qui est ... ascendendo:* cf. *Glossa ordinaria* in Marc., proth. 3:
"Marcus euangelista Dei."

123 *"Hoc ... implet":* Sedulius, *Carmen paschale* 1.355.

124 *de Matheo ... consonat:* cf. Jerome, *Commentarii in euangelium
Matthaei*, praef., 3.

127–128 *"Marcus amat ... rugienti":* Juvencus, *Euangeliorum libri IV*, praef.,
ll. 3 and 7.

Augustinus quoque de Matheo dissonat dicens prefiguratum
esse per leonem, quia de Christo agit, quem de regia tribu esse   130
ostendit. Sed cum sint uarie opiniones sanctorum de prefiguratione euangelistarum, nos sequimur opinionem Ieronimi quasi
magis tritam.

Isti quatuor significati sunt per quatuor anulos arche, qui et
aurei erant et rotundi. In auro fulgor, in rotunditate perfectio uel   135
eternitas, quia rotundum principio caret et fine. Eleganter ergo
per anulos aureos designati sunt, quia eternam Christi claritatem
et claram eternitatem describunt. Per duos a sinistris, secundum
opinionem quorundam, significati sunt duo euangeliste qui
Christum in carne non uiderunt, nec ab eo doctrinam euangelii   140
acceperunt; per duos a dextris duo qui cum eo conuersati sunt et
ab eo edocti. Iuxta aliorum opinionem est econuerso, quia per
duos anulos a sinistris significati sunt illi duo qui Domino ad-
hereserunt adhuc passibili et mortali; per duos a dextris duo illi
qui discipuli eius facti sunt post resurrectionem et ascensionem,   145

---

130 quem: *om. T*   137 quia: et *T*

129–131 *Augustinus ... ostendit:* cf. Augustine, *De consensu euangelistarum*,
lib. 1, cap. 6, n. 9. The master's concatenation of references to Sedulius, Juvencus, and Augustine – common to all four of the prologues to Comestor's
Glosae – has been cited *per* Zachary of Besançon, *Vnum ex quattuor*, praef.,
PL 186:14D–15A.

134 *anulos arche:* the four golden rings on the Ark of the Covenant (cf. Ex.
25:12), which also serve as a figure of the evangelists.

138–142 *Per duos a sinistris ... ab eo edocti:* cf. e.g. *Glossa ordinaria* in Ex.,
interl. ad 25:12. The evangelists who 'did not see Christ in the flesh' were
Mark and Luke, while Matthew and John were numbered among the twelve
disciples instructed by the Lord.

142–146 *Iuxta aliorum ... et immortalis:* cf. e.g. Bede, *De tabernaculo*, lib. 1,
cap. 4, PL 91:403.

cum iam esset impassibilis et immortalis, ut per sinistram mortalitas, per dextram immortalitas designetur.

Materia huius euangeliste est que et aliorum. Omnes enim agunt de gestis Christi, de doctrina, de utraque eius natura. So-
150 lent tamen septem specialiter dici materia omnium euangelistarum, scilicet illa septem sigilla quibus signatus erat liber, pro cuius apertione flet Iohannes in Apocalipsi, quia nemo inuentus est *dignus aperire librum et soluere signacula eius nisi leo de tribu Iuda*. Hec sunt incarnatio, baptismus, passio, descensus ad in-
155 feros, resurrectio, ascensio, aduentus ad iudicium.

Omnium intentio est per gesta Christi et doctrinam fidem astru-/**1vb**/-ere, quod ex textu Iohannis in fine colligitur, ubi legitur: *Hec autem scripta sunt, ut credatis quoniam Christus est Filius Dei*. Ecce ibi breuiter omnium intentio demonstratur, et sta-
160 tim subsequenter finis omnium breui uerbo insinuatur, cum dicitur: *Et credentes uitam eternam habeatis*.

Modus agendi talis est: primo seriem genealogie contexit et de Christi natiuitate agit. Secundo agit de baptismo Christi. Tertio de temptatione deserti. Quarto de doctrina Christi et pre-
165 cipue de sermone Domini in monte. Quinto de miraculis. Sexto de passione. Septimo de resurrectione et ascensione, et sic terminat librum suum.

146–147 mortalitas: mortalis *T*   **149–150** Solent: sola *T*   **150** materia: modo *T*   **154–155** Hec sunt ... ad iudicium: *om. T*

146–147 *ut per sinistram ... designetur:* cf. Gregory, *Homiliae in euangelia*, lib. 2, hom. 21, n. 2.
153–154 *dignus ... de tribu Iuda:* cf. Apoc. 5:1–5.
154–155 *Hec sunt ... iudicium:* cf. Paschasius Radbertus, *Expositio in Matheo* 1.344–48.
158–159 *Hec ... Filius Dei:* Ioh. 20:31.
161 *Et ... habeatis:* Ioh. 20:31.

2. GLOSAE SVPER PROLOGVM IERONIMI *

MATHEVS EX IVDEA et cetera. Euangelio Mathei premittit Ieronimus proemium, et hec est continentia proemii: ostendit quis   170
scripserit euangelium et ubi et quo ordine et qua utilitate. Primo
ostendit quis fuerit, ut, inquit, intelligas et nomen eius proprium
et statum. Ostendit enim et quis fuerit et cuiusmodi. De statu
autem Mathei duo possunt sufficere ad commendationem sui
euangelii, scilicet quod Iudeus fuit et quod publicanus. Eo enim   175
ipso quod euangelium scripsit et Iudeus fuit commendabilius est
eius euangelium, quia fortius est testimonium ab inimico, et eo
ipso Iudeorum temeritas arguitur quod a Iudeo scriptum est
euangelium. Ex eo autem, quod de publicano factus est apostolus,
magnitudo gratie Dei circa ipsum ostenditur. Publicani enim di-   180
cuntur qui publica tractant negotia ciuitatum, cuiusmodi sine
peccato uix aut numquam tractari possunt, unde et publicani dicuntur, quia publice peccant.

172 inquit: inquis *T*   182 aut: autem *T*

172 *ut, inquit, intelligas:* 'so that, as [the master] said, you understand.'
This is the first instance of an oral formula recurring throughout the lectures,
according to which the student-reporter supplies *inquit* to specify that master's words to his students.

175–176 *Eo enim ipso quod:* 'By the very fact that ...' A common idiom in
these lectures, synonymous with expressions below: *ex eo quod,* and *per hoc
quod.*

177 *fortius ... inimico:* cf. Peter Lombard, *Collectanea in omnes Pauli apostoli Epistulas,* 1 Cor. 15:9, PL 191:1675C; idem, *Magna glosatura in Psalmos,*
Ps. 58:11, PL 191:546.

180–181 *Publicani ... ciuitatum:* Isidore, *Etymologiae,* lib. 9, cap. 4, n. 32.

181 *cuiusmodi:* understand the antecedent *negotia,* which is the subject
of this clause.

182–183 *unde ... peccant:* Heiric of Auxerre, *Homiliae,* pars hiem., hom. 44,
47–48; cf. Peter Comestor, *Historia euangelica,* cap. 45, PL 198:1562.

MATHEVS EX IVDEA, supple 'oriundus,' SICVT IN ORDINE, id est
185 in cathalogo euangelistarum, PRIMVS PONITVR, id est antequam
nullus et postquam alii. Ita enim procedit series cathalogi:
Matheus, Marcus, Lucas, Iohannes. ITA EVANGELIVM IN IVDEA
PRIMVS SCRIPSIT. Ecce dissimiliter accipitur 'primus.' Dictum est
enim 'primus' et antequam nullus et postquam alius, et proprie
190 dictum est quia hec duo proprie notat hoc nomen 'primus.' Hic
autem tantum dictum est 'primus,' quia ante eum nullus, non
quod post eum alius. Nemo enim post eum scripsit in Iudea, quia
Marcus in Italia, Lucas in Achaia, Iohannes in Asya. CVIVS VOCA-
TIO. Iam ostenderat quod Iudeus, nunc ostendit quod publicanus.
195   DVORVM et cetera. Ecce iam ostendit quis scripsit euangelium et ubi. Subsequenter ostendit quo ordine genealogiam
texuerit. Contexturus enim genealogiam ante seriem genealogie
quasi proemium premittit dicens: *Liber generationis Iesu Christi
filii Dauid filii Abraham.* Series enim genealogie ibi incipit: *Abra-
200 ham generauit Ysaac.* Si autem queratur quare specialiter dictum
sit *filii Dauid filii Abraham,* ideo quia his duobus specialiter facte
sunt promissiones, quod de eis nasceretur Christus. Abrahe
namque dictum est: *In semine tuo benedicentur omnes gentes.*

---

190 quia: et *T*   **193** Marcus ... Achaia: Marcus in Achaia Lucas in Italia *T*
197 texuerit: texuit *T*   **200–201** dictum sit ... specialiter: *om. ob hom. T*

194 *ostendit quod publicanus:* supply a definite form of *esse* (*fuerit, fuit,* etc.).
197 *Contexturus:* 'As he is about to compose.' A future active participle modifying the implicit subject *Matheus.*
198–199 *Liber ... Abraham:* Matt. 1:1.
199–200 *Abraham ... Ysaac:* Matt. 1:2.
202–205 *Abrahe ... Dauid:* cf. Geoffrey Babion, *Enarrationes in Matthaeum,* cap. 1, PL 162: 1228D–1229A; *In semine ... gentes:* Gen. 26:4; *De fructu ... tuam:* Ps. 131:11; *Dabit ... Dauid:* Luc. 1:31.

Dauid dictum est: *De fructu uentris tui ponam super sedem tuam,*
et: *Dabit ei Dominus sedem Dauid.*   205
Presvmens, id est ante sumens uel preponens, PRINCIPIA
DVORVM, supple 'hominum,' ut sit 'duorum' masculini generis,
id est premittens duos homines quasi principia, IN GENERATIONE
CHRISTI, id est in genealogia texenda, VNIVS, premittens scilicet
principium ùnius, id est unum hominem tamquam principium.   210
Cvivs PRIMA CIRCVMCISIO IN CARNE FVIT, id est qui primus ex
mandato Dei circumcidit carnem preputii sui. Nam et multi gentiles ante Abraham circumciderunt et adhuc circumcidunt par-
uulos suos. Et premittens principium ALTERIVS, id est alterum
tamquam principium, CVIVS ELECTIO FVIT SECVNDVM COR ipsius   215
Domini, id est quem elegit Dominus inuentum secundum cor
suum, qui de ipso ait: *Inueni uirum secundum cor meum.* Vel ita:
CVIVS ELECTIO, supple 'in regem,' FVIT SECVNDVM COR, id est secundum Domini uoluntatem. Saulis electio non est facta secundum Domini uoluntatem; immo, populus in ira /**2ra**/ Domini   220
extorsit a Domino Saulem in regem. ET EX VTRISQVE, id est ex
Abraham et Dauid natus est Christus.

211 Cvivs: eius *T*

209–210 *premittens ... tamquam principium:* 'namely, placing first the beginning of one man [*i.e.* Abraham], that is, placing one man as a beginning.'
The patriarch Abraham, with whom Matthew's genealogy begins, is described
in this part of the 'Monarchian' prologue as one of the two 'principles' or 'be-
ginnings' (*principia*) of Christ's human generation.
211–212 *ex mandato ... preputii sui:* cf. Gen. 17:11.
217 *Inueni ... meum:* Act. 13:22.
219–221 *Saulis ... in regem:* 1 Sam. 8–15; cf. Peter Lombard, *Magna
glosatura in Psalmos*, Ps. 51:28, PL 191:495.

Ecce legisti 'duorum' masculini generis, sed commodius legitur neutri generis. Si enim predicto modo legatur, ineleganter
225 sequi uidetur 'et ex utrisque'; potius enim dicendum fuit 'ex utroque.' Lege ergo sic: PRESVMENS, id est premittens, PRINCIPIA DVORVM, scilicet duorum generum hominum, uel premittens duo genera hominum, scilicet patriarchas, qui per Abraham, et reges, qui per Dauid intelliguntur, quia Abraham fuit precipuus
230 patriarcharum, Dauid eximius regum et prophetarum. VNIVS, scilicet generis hominum, CVIVS, id est unius de quo genere; ALTERIVS, id est unius de altero genere, ET EX VTRISQVE PATRIBVS, scilicet ex patribus de utroque genere. Ideo enim premisit duo genera hominum tamquam principia, ut ostenderet Christum de
235 utroque genere natum, id est et de genere patriarcharum et de genere regum.

226 utroque: utraque *T*   228 qui per Abraham: *om. T*   231–233 ALTERIVS ... utroque genere: *om. ob hom. T*

223–226 *Ecce legisti ... 'ex utroque':* Comestor's point here is that the interpretation of *duorum* in the masculine – *i.e.* understanding *hominum* in reference to Abraham and David, as above (*legisti 'duorum' masculini generis*) – is less fitting than a neuter interpretation that understands *generum* (that is, 'races' – namely, of patriarchs and kings, represented by the two figures). However, the neuter reading would seem ungainly with the following clause (*ineleganter sequi uidetur*), since the pronominal *utrisque* would seem to refer to *patribus* rather than the implied antecedent *generum*. Accordingly, Comestor directs his students to read *utrisque* as a discrete grammatical unit implying *generibus*, rather than with *patribus*. Thus: "EX VTRISQVE PATRIBVS, scilicet ex patribus de utroque genere."
224 *predicto modo:* that is, according to the interpretation of *duorum* as a masculine.
228–230 *duo genera ... prophetarum:* cf. Peter Lombard, *Magna glosatura in Psalmos*, praef., PL 191:55.

ET SIC, scilicet premissis duobus principiis, QVATERDENARIO
NVMERO TRIFORMITER POSITO, id est triplicato, id est positis in
serie genealogie tribus quaterdenis. PRINCIPIVM, id est primam
quaterdenam, A CREDENDA 〈 FIDE 〉, uel 'uia' alia littera, id est ab   240
Abraham, qui dicitur "prima uia credendi," non quod primus cre-
diderit, sed quia primus aperte fidem unius Dei predicauit. IN
TEMPVS ELECTIONIS, id est in Dauid electum a Domino ad per-
manendum, PORRIGENS, id est protendens, ET EX ELECTIONE, id
est ex Dauid electo, VSQVE IN TRANSMIGRATIONIS DIEM DIRIGENS,   245
scilicet secundam quaterdenam protendens, ATQVE A TRANSMI-
GRATIONIS DIE VSQVE IN CHRISTVM DEFINIENS, id est tertiam quaterdenam in Christo determinate finiens, OSTENDIT GENERA-
TIONEM ADVENTVS DOMINI, id est genealogiam Domini
aduenientis, DECVRSAM, id est descendendo excursam ad differ-   250
entiam Luce, qui texit genealogiam ascendendo, ET NVMERO

---

240 A CREDENDA: aere. *ut uid. T*   241 non: apud *add. T*   247 id: et *T*
248 determinate finiens: deitatem sumens *T*

237–239 *quaterdenarius* and *quaterdena* refer to a discrete unit of forty.
239 *tribus quaterdenis:* 'three groups of forty.'
240 *alia littera:* 'another reading' (*i.e.* from another manuscript).
241 *prima uia credendi:* Prudentius, *Psychomachia*, praef., 1–2.
245 TRANSMIGRATIONIS DIEM: This lemma refers to the Babylonian Cap-
tivity, when the king of Judah (Jeconiah) and his people were conquered by
Nebuchadnezzar II and led as captives into Babylon.
250–251 *ad differentiam ... ascendendo:* The structures of Matthew and
Luke's genealogies differ on two accounts. First, regarding placement:
Matthew inserts his genealogy at the beginning of his Gospel; Luke postpones
his until after his treatment of Christ's baptism. Second, regarding method:
Matthew begins in the past with Abraham and works his way 'downward' (*descendendo*) to the present, while Luke begins in the present with Joseph and
moves 'upward' (*ascendendo*) to Adam, and then to God, the Creator.

SATISFACIENS ET TEMPORI, id est ponens et numerum et tempus patrum misterio congruum.

Quomodo autem numerus patrum misterio seruiat in se-
255 quentibus habebis, ibi scilicet: *Hee sunt generationes*, sed quantum ad presentem locum sufficit. Numerus patrum misterio congruit, quia ponuntur in serie genealogie tres quaterdene patrum (quia sunt ter quatuordecim), qui numerus ternarium, denarium, quaternarium simul continet. Denarius uetus testa-
260 mentum, quaternarius nouum, ternarius fidem Trinitatis significat. Ergo per coniunctionem istorum trium numerorum mistice significatur quia in fide Trinitatis consonant uetus et nouum testamentum.

VT ET OSTENDERET SE, id est de se, QVID ESSET, id est per cuius
265 animalis figuram prefiguratus esset. Texendo enim genealogiam et sic accedendo ad humanitatem Christi describendam ostendit

---

252–253 *tempus patrum misterio congruum:* Here, the *patres* refer to Christ's ancestors as arranged in Matthew and Luke's genealogies. The number and temporal sequence of Christ's forefathers (*numerus et tempus*) are fitting material for spiritual exegesis (*congruum misterio*), which Comestor will demonstrate in what follows.

254 *seruiat:* a subjunctive in an indirect question, activated by *quomodo*.

255 *Hee sunt generationes:* Gen. 6:9; Num. 3:1.

257–258 *tres quaterdene ... ter quatuordecim:* 'three successions of fourteen ancestors are placed (since fourteen fathers are named on three occasions).'

259–260 *Denarius ... nouum:* Peter Lombard, *Collectanea in omnes Pauli apostoli Epistulas*, praef., PL 191:1298.

260–261 *ternarius ... significat:* cf. Rupert of Deutz, *De sancta Trinitate et operibus eius*, 24.1024. As medieval commentators held, the number ten signifies the Old Testament (because of the Decalogue), while four signifies the New (with the Gospel having been recorded by four evangelists), and three stands for the divine persons of the Trinity.

quia prefiguratus est homine, ET DEI IN SE OPVS MONSTRANS, id
est se operatione diuina uocatum esse per gratiam, ETIAM NON
NEGARET, id est assereret, quia liptotes est, TESTIMONIVM CHRISTI
OPERANTIS in ipsis patribus, QVORVM GENVS POSVIT A PRINCIPIO   270
ipsius genealogie, id est ostenderet Christum prebere testimonium patribus in genealogia positis tamquam iustis.

QVARVM OMNIVM RERVM, scilicet generationum, id est quorum patrum in genealogia positorum, ORDO, id est quare ita sunt
ordinati, ut iste ponatur post illum et ita per ordinem; NVMERVS,   275
scilicet quod tantum fuerunt quadraginta et duo (bis computato
Ieconia), uel quadraginta et unus (id est semel computato); DIS-
POSITIO VEL RATIO, id est est rationabiliter. DISPOSITIO, supple
'seruit misterio,' QVOD, scilicet misterium, NECESSARIVM EST
FIDEI. DEVS CHRISTVS EST, tamquam diceret aliquis: 'ad quid   280
texuit genealogiam Christi?' Supple 'ad ostendendum quod Deus

---

268 uocatum: uocant *T*   **275** ponatur: pone *T*

267 *quia prefiguratus est homine:* 'that he [Matthew] is prefigured by a
man.' Comestor's gloss of this passage suggests that the evangelist reveals
himself (*ostendit se*) as the man in Ezekiel's vision by concentrating on Christ's
human generation.

269 *liptotes* = *litotes:* an ironic affirmation expressed through the nega-
tion of its opposite.

275 *iste ponatur post illum:* 'that father,' 'this father.' Comestor makes a
general point about why one ancestor should be placed after another, rather
than specifying any particular figures in the genealogy.

276–277 *bis computato Ieconia:* Comestor means that one can begin the
computation of names in Matthew's genealogy with Abraham, pause at the
first mention of Jeconiah (Matt. 1:11), and then resume at the second mention of Jeconiah (Matt. 1:12), thus having counted Jeconiah twice, resulting
in forty-two names as opposed to forty-one.

est Christus,' id est Deus et homo, quia tantum in humanitate
unctus est.

Vel ita potes legere: hec, inquam, omnia, supple 'demon-
strant quod,' DEVS EST CHRISTVS, id est Deus est homo, QVOD,
scilicet credere quod Deus est homo, FIDEI NECESSARIVM EST.
OMNIA, id est peccata nostra, quia 'omnia' interdum colligit sola
bona, interdum sola mala, /2rb/ interdum mala et bona, FIXIT, id
est destruxit. ET PATRIS NOMEN. Ita construe: esset RESTITVENS
NOMEN PATRIS, id est nomen paternitatis amissum – RESTITVENS,
inquam, IN PATRIBVS, et hoc FILIO, id est ad honorem Filii Dei, et
esset RESTITVENS NOMEN IN FILIIS, id est nomen filiationis amissum, et hoc PATRI, id est ad honorem Patris.

Christus enim uenit tempore peruerse medietatis, cui
maledixit Dominus. Ergo tunc non erant filii, id est imitatores
ipsorum patrum, scilicet patriarcharum et prophetarum et quo-
rumlibet iustorum qui precesserant. Quod si non erant filii, id
est imitatores ipsorum, ergo nec ipsi erant patres, et ita amise-
rant nomen paternitatis. Sed Christus moriens et resurgens mul-

285

290

295

282–283 *Deus et homo ... unctus est:* Comestor's remark hinges upon the
etymology of *Christus* ('anointed'). The Jewish people anointed their priests,
prophets, and kings with holy oil; in respect to his human nature, Christ was
the preeminent example of all three, and so was 'anointed in his humanity.' Cf.
Jerome, *Liber interpretationis hebraicorum nominum*, 66.17.

284 *hec, inquam, omnia:* 'all of these things, I repeat.' (Here, *hec omnia*
serves as Comestor's paraphrase of the preceding lemma: "Quarum rerum
omnium tempus, ordo, numerus, dispositio uel ratio.")

289 *esset:* Comestor here supplies the verb 'to be' implicit in the *ut*-clause
of the Gloss text, upon which the series of participles hang.

291 *inquam:* a magisterial interjection that is used to draw the students'
attention back to a previous line of reasoning (as above), or to a gloss that he
is rereading, as here.

294–295 *cui maledixit Dominus:* cf. Matt. 17:16; Luc. 9:41.

tos traxit ad fidem, qui fuerunt filii, id est imitatores, patriar-   300
charum et prophetarum, et ita ipsi fuerunt patres, quia habuerunt
filios, et ita Christus restituit nomen paternitatis et filiationis,
quia utrumque erat amissum. Nec te moueat quod dictum est
'Patri' ubi uideretur dicendum 'Filio,' et dictum est 'Filio' ubi
uideretur dicendum 'Patri,' quia quicquid est ad honorem Patris   305
est ad honorem Filii et econuerso. SINE PRINCIPIO, supple 'exis-
tens,' VNVS EST, supple 'Deus.'

    IN QVO EVANGELIO. Ecce ostendit qua utilitate scripserit.
DESIDERANTIBVS DEVM, id est doctrinam Dei, SIC COGNOSCERE
PRIMA, MEDIA ET PERFECTA, id est principium huius operis et   310
medium et finem, VT PER VNIVERSA, id est a principio usque ad
finem, LEGENTES INTELLIGANT VOCATIONEM APOSTOLI, que in hoc
opere continetur, ET OPVS EVANGELII, id est gesta et doctrinam
Christi, ET DILECTIONEM DEI, id est ex quanta dilectione uoluerit
incarnari, ATQVE IN EO, scilicet quod intelligant omnia ista, id est   315
ex intellectu istorum, RECOGNOSCANT ID IN QVO APPREHENSI
SVNT, id est considerata uocatione apostoli gratuita et magnitudine dilectionis qua uoluit incarnari, agnoscant magnitudinem
gratie Dei per quam nos apprehendit et nos apprehendimus eum.

    NOBIS ENIM. Quasi: 'uere propter causam predictam utile est   320
hoc euangelium a principio usque ad finem cognoscere, quia nos

---

304 ubi²: *om. T*   **305** Patris: *om. T*   **306** Filii: patris *T*   **309** DEVM: domini
T | Dei: *om. T*   **315** intelligant: intelligeret *T*

---

303 *Nec te moueat:* 'Do not let it trouble you.' Master Peter is wont to re-
assure his students whenever a difficult passage arises.

316 *istorum:* hearkening back to *apostoli* in the preceding lemma.

317–318 *considerata uocatione ... et magnitudine:* ablative absolute with a
compound subject. Here, *gratuita* (modifying *uocatione*) has the sense of 'un-
merited' – God's grace towards Matthew was free and undeserved.

propter eandem causam aggressi sumus exponere.' Et hoc est:
HOC ARGVMENTI, id est hoc rationis, FVIT IN STVDIO, id est hac ratione studuimus hoc opus exponere. Vel ita: HOC ARGVMENTI, id
325   est hoc comprehensionis, FVIT IN STVDIO, id est nos studuimus
huius operis expositionem comprehendere breuiter, scilicet
TRADERE ET NON TACERE, id est ut traderemus certitudinem rei
geste et ostenderemus dispositionem diligenter considerandam
esse.

330   3. GLOSAE SVPER INTROITVM IERONIMI *
MATHEVS CVM PRIMVM et cetera. Premittit Ieronimus glosam in
qua ostendit quare Matheus scripsit euangelium et quare tantum
quatuor euangelia recepta sunt in ecclesia. Et de hac glosa sumptus est introitus, nec alia ratione legitur proemium ante eam nisi
335   quia proemium sufficit uni lectioni, glosa autem non sufficeret.
Et est glosa Ieronimi, quia hunc librum principaliter exponunt
Ieronimus, Hilarius, Rabanus. Si inueniantur aliqua exposita ab
Augustino uel Beda, omelie sunt, non continue expositiones.

328 dispositionem: disponere *T*   **335** lectioni: lectori *T*

322 *Et hoc est:* 'And this is the sense.' One of Comestor's demonstrative
idioms to introduce an interpretation according to his preceding explanation.
Synonymous expressions (such as *et est sensus*) are common throughout the
lectures.
333–334 *Et de hac ... introitus:* This *introitus* from the Gloss ("Matheus
cum primo") that Comestor now begins to lecture on is based on a 'gloss' –
here, broadly understood as a short exposition – composed by Jerome.
334–335 *nec alia ratione ... non sufficeret:* Comestor here indicates that
the average duration of a day's lecture (*lectio*) was roughly equivalent to the
length of his preceding exposition of the 'Monarchian' prologue, or *proemium*
(§ 2). Peter suggests that the present gloss would have done just as well for the
initial lecture, except that his exposition of it would not be sufficiently lengthy.
338 *omelie ... expositiones:* The *continue expositiones* that Comestor men-

Primo ergo ostendit quare scripsit euangelium, et ponit du-
plicem causam. Scripsit enim ad memoriam et ad robur. Post   340
passionem enim per duodecim annos predicatum est in Iudea,
sed post duodecimum annum incumbente graui persecutione a
Iudeis inflicta transierunt apostoli ad gentes. Et quia Matheus
Hebreis tradiderat euangelium uerbo, uoluit tradere /2va/ et
scripto, ut recedens a Iudea tempore persecutionis aliquid   345
memoriale relinqueret fratribus religiosis remanentibus in Iudea,
de quibus dictum est: *Multitudinis credentium erat cor unum et
anima una et erant illis omnia communia.* Nec solum ad memoriam scripsit, sed etiam ad robur fidei contra hereticos, quia in
ipso fonte fidei nostre ceperunt hereses emergere. Ante iam   350
plures emerserant tempore Iohannis euangeliste.

---

350 emergere: extinguere *T*

tions, *i.e.* commentaries that provide a continuous, verse-by-verse interpretation of the sacred text according to its narrative structure, are those of Jerome,
Commentarii in euangelium Matthei, Hilary of Poitiers, *Commentarius in
Matthaeum*, and Rabanus Maurus, *Expositio in Matthaeum*. In contrast, the
omelie named by Comestor, which provide occasional expositions (*aliqua exposita*) on discrete passages from the Gospel as they occur in the liturgical context, are those of Augustine, *Sermones ad populum* and Bede, *Homeliarum
euangelii libri II.*

    341 *predicatum est:* that is, *euangelium.*

    342–343 *incumbente ... inflicta:* note the unusual ablative absolute con-
struction with two participles, one present active and the other perfect passive,
modifying the noun (*persecutione*).

    347–348 *Multitudinis ... communia:* Act. 4:32.

    350–351 *ceperunt hereses ... euangeliste:* Comestor here has in mind two
heresies that arose in Asia Minor at the time of John the Evangelist:
namely, those of Cerinthus and the Ebionites, which denied that Christ
was born of a virgin. Cf. JEROME, *Commentarii in euangelium Matthei*, praef.,
26–50.

RELIQVIT, modo supple 'et non tantum scripsit ad memoriam, sed etiam ad robur.' SICVT ENIM et cetera, CVM AVTEM. Ostendit consequenter quare tantum quatuor euangelia ab eccle-
355 sia recepta sunt, et hoc totum ex his que extrinsecus dicta sunt
patet. DESIGNANTVR ETIAM. Reddiderat rationem quare tantum
recepta sunt euangelia quatuor scriptorum, sed nondum reddiderat rationem quare potius istorum quatuor quam aliorum.
Hoc est quod hic supplet: DESIGNANTVR ETIAM QVATVOR FIGVRIS,
360 scilicet specialiter, QVE NON SVNT ILLVSORIE, ut mentiuntur
heretici dogmatizantes uisiones prophetis reuelatas fantasticas
esse et illusorias et etiam ipsos prophetas locutos quasi fanati-
cos, id est arrepticios.

---

353 etiam: *om. T*   **357–358** reddiderat rationem: *om. T*   **362** etiam:
om. T

353 SICVT ENIM *et cetera* CVM AVTEM: Whenever the Gloss is presented in
this elliptical fashion, it is evident that Comestor recited the entirety of the
section of the Gloss between the two lemmata, which the reporter has abbreviated for the sake of economy of parchment.
    355 *extrinsecus:* 'elsewhere' (lit. 'outside'). As he will do in the subsequent
lecture courses, Comestor makes an internal reference to the magisterial prologue (cf. above, § 1, 57–98) while simultaneously treating it as an external
source.
    360–363 *ut mentiuntur ... arrepticios:* cf. Caesarius of Arles, *Sermones*,
sermo 127, cap. 1, 13.
    363 *arrepticios:* 'raving, delirious, possessed' (literally, 'grasped,' cf. *arri-
pio*). Caesarius of Arles writes that the prophets were derided as *arrepticii*, but
he does not clarify by whom. In the thirteenth century, Albert the Great identifies these claims with the heretic Montanus and the Greek philosopher Por-
phyry. Cf. Albert the Great, *Commentarii in terium librum Sententiarum*, d.
24b, art. 6, col. 1.

MATHEVS IN HOMINE PRINCIPALITER, quia singuli euangeliste proprias habent principales. Vel: PRINCIPALITER, id est primo 365 loco, quia in principio agit de generatione humana. Et si utrique uelis subintelligere 'principaliter,' ut dicas: MARCVS IN LEONEM, QVIA DE RESVRRECTIONE AGIT PRINCIPALITER, id est primo loco, non uidetur stare. Potest tamen dici quia primo loco agit de uoce clamantis. Clamor autem uel rugitus congruit leoni, cuius natura 370 congruit resurrectioni, et ita primo de resurrectione. Statim enim in principio ponit illam prophetiam Ysaie: *Vox clamantis* et cetera. Prosequitur quomodo isti quatuor per figuras quatuor animalium sunt prefigurati. Et distingue tria in glosa, scilicet quod per quatuor animalia designati sunt quatuor euangeliste, uel 375 Christus, cui congruunt illa quatuor que per quatuor animalia signantur, uel quatuor in Christo, scilicet HVMANITAS, SACERDO-TIVM, REGNVM, DIVINITAS.

366–367 *si utrique uelis subintelligere 'principaliter'*: 'if you wanted to understand the word 'principally' with each [clause] ...'

370–371 *Clamor autem ... de resurrectione*: Medievals regarded the lion as a figure of the resurrection, since it was thought that lion cubs were stillborn and brought back to life (see note below, Marc., § 1, 92–94).

372 *Vox clamantis*: cf. Marc. 1:3; Is. 40:3.

II. Glosae super Marcum glosatum

1. PROLOGVS

/**88ra**/ *Vidi et ecce quatuor quadrige egrediebantur de medio duorum montium, et montes illi montes enei.* Huiusmodi uisionem reuelauit Dominus Zacharie, et fuit uisio imaginaria congruens temporibus illis. Iuxta quod exposuit Zacharie angelus latens inter frutecta inquiens per quatuor quadrigas significari regna a quibus passus est populus Dei, scilicet regnum Assiriorum, Medorum, Grecorum, Romanorum, quia, ut habes in glosa super XII prophetas, coloribus equorum congruunt idiomata populorum.

Sed quoniam angelus quasi historice pretaxatam exposuit uisionem, restat ut misticam prosequamur expositionem. Nam, cum iuxta litteralem sensum que populo suo erant euentura reuelauerit Dominus prophete sub imaginaria quadam uisione, eadem tamen uisio tempori gratie congruebat sub mistica interpretatione. Duo igitur montes sunt duo testamenta pro eminentia spiritualis intelligentie montibus comparata iuxta uerbum Ysaie dicentis: *Super montem excelsum ascende qui euangelizas.* Qui pulcre dicuntur 'enei' propter duorum testamentorum con-

---

6 regna: *om. T*   13–14 reuelauerit: reuelauit *T*

2–3 *Vidi ... montes enei:* Zach. 6:1
5–10 *Iuxta quod ... populorum:* cf. *Glossa ordinaria* in Zach., interl. ad 6:1–3. According to the Gloss, the peculiar traits (*idiomata*) of each of these nations correspond to the colours of the horses in Zechariah's vision.
11 *pretaxatam:* 'abovementioned,' lit. 'treated before.'
18 *Super ... euangelizas:* Is. 40:9.

sonantiam (es enim uocale metallum est) uel propter soliditatem 20
(es enim solidum metallum est). Per doctrinam siquidem duorum testamentorum in lubrico huius uite roboramur. Ecce quid
per montes.

Quatuor autem quadrige egredientes de medio duorum
montium pulcre intelliguntur quatuor euangeliste, quorum doc- 25
trina emanat quasi de medio duorum testamentorum. Cui etiam
illud congruit, quod iuxta Zacharie uisionem trahebatur prima
quadriga equis nigris, secunda trahebatur equis rubeis, tertia trahebatur equis albis, quarta trahebatur equis uariis. Per obscuri-
tatem quippe nigredinis exprimitur secretum latentis in carne 30
deitatis, quod pro sui obscuritate pulcre per nigredinem designatur, quam comitatur obscuritas.

Quia ergo Iohannes agit principaliter de deitate Christi,
quam nonnisi obscure et enigmatice contemplamur, eleganter
per primam quadrigam prefiguratus est, que trahebatur equis 35
nigris. Quia uero Lucas principaliter agit de passione, in qua
rubricata est sanguine caro Christi, eleganter per secundam
prefiguratus est, que trahebatur equis rubeis. Marcus uero, quia
principaliter de resurrectione, per tertiam prefiguratus est, que
trahebatur equis albis. Per claritatem namque albedinis fulgor 40
exprimitur resurrectionis. Vnde et in resurrectione angeli albis

24 egredientes: edientes *T*

20 *es enim ... metallum est:* cf. Isidore, *Etymologiae,* lib. 16, cap. 20, n. 11.
22 *in lubrico ... roboramur:* cf. Leo the Great, *Tractatus septem et nonaginta,* tract. 71, 116.
24–26 *Quatuor autem ... testamentorum:* cf. Jerome, *Commentariorum in
Zachariam prophetam libri II,* lib. 1, cap. 6, PL 25:1454B; Peter Damian, *Sermones,* sermo 50, 2, PL 144:785.
39 *principaliter de resurrectione:* the verb *agit* is understood.
41–42 *in resurrectione ... apparuerunt:* Luc. 24:4; cf. Marc. 16:5–7.

induti uestibus apparuerunt. Matheus quoque, quia duas in
Christo asserit naturas, per quartam eleganter prefiguratus est,
que trahebatur equis uariis; nam uarietas equorum uarietatem
45 exprimit duarum in Christo naturarum, quia uarius color de diuersis conficitur coloribus. Sic itaque et numerus quadrigarum et
color equorum congruit significationi quatuor euangelistarum.
Merito autem per quadrigas prefigurati sunt, quia per eorum
doctrinam quasi per quandam quadrigam per quatuor partes
50 orbis uehitur fama Christi.

Idem etiam sunt rote in quadriga Domini, quia per ipsos
quasi per quatuor rotas uoluitur et uehitur doctrina euangelii;
ideo etiam per quadrigas, quia in quadriga et quadratura est et
rotunditas. Quadratura soliditatem, rotunditas designat eterni-
55 tatem. Quadratum enim stabile est quocumque uertatur, et ro-
tundo nec principium nec finis assignatur. Quadratura congruit
luctantibus, rotunditas congruit triumphantibus. Nobis siquidem in lubrico huius uite contra carnem et sanguinem pariterque
contra aerias potestates /88rb/ colluctantibus necessarium est
60 robur soliditatis, precipue contra quatuor affectiones, que
mentem hominis concutiunt et deiciunt in hac uita, scilicet spes
de apidiscendis, gaudium de adeptis, timor de amittendis, dolor
de amissis. Pulcre ergo per quadrigas prefigurati sunt, per quo-

---

56–57 Quadratura ... rotunditas: quadrata ... rotunda *T*   61 et: id est *T*

60–63 *contra quatuor ... de amissis:* cf. Isidore, *Liber differentiarum,* cap.
41, 14–20 (p. 105); Peter Lombard, *Collectanea in omnes Pauli apostoli Epistulas,* 1 Cor. 3:13, PL 191:1559B.

63–65 *Pulcre ergo ... eternitate perfruamur:* through the teaching of the
Gospels, we are equipped with the four cardinal virtues (*quadramur*), by which
we receive the eternal form (*rotundi efficiamur*) according to which we will
enjoy the Beatific Vision (*eternitate perfruamur*). Cf. above, Matt., § 1, 93–97.

rum doctrinam quadramur, ut rotundi efficiamur, id est in presenti uirtutibus roboramur, ut deinde eternitate perfruamur. 65

In prefata autem uisione secundum dignitatis ordinem euangeliste sunt prefigurati, prout scilicet singuli in aliquo sunt
priuilegiati. Nam licet communem habeant materiam, tamen capitulis distinguntur propriis et singularibus sibi preminent priuilegiis. Iohannes singularem habet preminentiam in arduitate ma- 70
terie, Lucas in prosecutione historie, Marcus in excellentia
miraculorum, quia potiores flores carpit, id est excellentiora
miracula colligit.

Propter huiusmodi priuilegia ordine pretaxato prefurati sunt
in pretaxata uisione: Iohannes per primam quadrigam tamquam 75
primum ratione dignitatis optinens locum, Lucas per secundam
⟨tamquam secundum post Iohannem optinens locum, Marcus
per tertiam tertium in dignitate optinens locum prepositus
Matheo per excellentiam miraculorum, uel potius quia principaliter agit de resurrectione, in qua uirtus deitatis manifestatur. 80
Mathei uero intentio circa humanitatem precipue uersatur
tamquam quartum et ultimum optinens locum. Qui tamen ratione temporis optinet primum, quia primus euangelium scrip-

---

64–65 presenti: in *add. T*   **65** roboramur: roboremur *T*   **77–111** tanquam
secundum ... quatuor digitorum: *om. sed spatium reliquit T*

68–69 *capitulis ... propriis: capitula* is used equivocally throughout the lectures, referring alternately to the larger chapter divisions (*maiores distinctiones*) and to the smaller sections of text (*minores clausulae*) peculiar to each
Gospel. See below, § 3, 330–333.

77–111 *tamquam secundum ... quatuor digitorum:* The text between an-
gled brackets was omitted from Troyes 1024 (and again below, § 5, 389–425).
In both instances, *T* leaves a blank space of nearly half a column. We have
supplied the missing text from MS *I* and corrected it against *A, B,* and *R*.

sit. Marcus secundum, qui tempore Claudii Cesaris euangelium
85 scripsit in Italia, precipue ut Romanos instrueret. Scripsit autem
nesciente Petro cuius fuit discipulus, cuius opus postea uidens
et approbans Petrus appellauit furtum laudabile. Lucas tertium,
qui scripsit in Achaia. Iohannes ultimum, qui in Asya.

Prefigurati sunt quoque quatuor euangeliste in figuris
90 quatuor animalium in uisione Iohannis et Ezechielis, in quibus
Marcus figuram leonis sortitur, nec immerito. Nam et quasi a
rugitu inchoat, id est a uoce clamantis, et in fine agit de morte
catuli leonis et de suscitatione ad rugitum patris, id est de morte
Christi, qui tamquam catulus leonis accubuit ad uocem Patris;
95 immo occubuit et die tertia ad eius uocem surrexit. Sic Ieronimus. Secundum alios tamen Marcus figuram aquile sortitur,
Iohannes leonis. Vnde Iuuencus:

---

90 Ezechielis *ABR*: Ezechiel *I*

    84–87 *Marcus ... laudabile:* Anon., *Liber de ortu et obitu patriarcharum,*
cap. 59, nn. 1–2.
    89–118 *Prefigurati sunt ... nobis annuntiant:* The master's relation of the
various Old Testament figures to the four evangelists was typical of patristic
and medieval commentaries on the respective books. For a near contemporary who weaves many of these figures together in a similar fashion, see: Honorius of Autun, *Speculum Ecclesiae*, PL 172:833C–844D.
    89–90 *in figuris ... Ezechielis:* cf. Apoc. 4:6–8; Ezek. 1:4–21.
    91–96 *Marcus figuram ... Sic Ieronimus:* cf. Jerome, *Commentarii in euan-
gelium Matthaei*, praef., 55–66.
    92 *a uoce clamantis:* 'the voice of one crying out' (cf. Marc. 1:3) refers to
John the Baptist, with whose preaching of repentance the Gospel of Mark begins.
    92–94 *morte catuli ... uocem Patris:* According to medieval zoology, lion
cubs were born dead and not quickened until the third day by the plaintive
roaring of their father. Cf. Isidore, *Etymologiae*, lib. 12, cap. 2, n. 3.

"Marcus amat terras inter celumque uolare,
Iohannes fremit ore leo similis rugienti."
Augustinus quoque dicit Matheum prefiguratum in leone, quia   100
ostendit Christum esse de regia tribu. Et uarie sunt opiniones de
prefiguratione euangelistarum, sed nos sequimur Ieronimum.

Prefigurati sunt quoque quatuor euangeliste per quatuor anulos arche, duos a dextris et duos a sinistris. Erat siquidem in
tabernaculo Domini archa quadrangula et super archam corona   105
aurea interrasilis alta digitis quatuor. In quatuor autem arche la-
teribus erant quatuor anuli aurei, duo a dextris et duo a sinistris,
quibus affixi erant altrinsecus duo uectes de lignis setthim deaurati. Forma arche quadrangula mistice intelligitur quatuor euangelistarum doctrina. Corona super faciem arche quadrangula al-   110
titudinis quatuor digitorum⟩ intelligitur uita eterna, ad cuius altitudinem peruenitur per doctrinam quatuor euangeliorum. Et
sic corona super archam uita eterna super doctrinam euangelicam. Pulcre autem corona dicitur interrasilis, id est interpolate
distincta celaturis, per cuiusmodi distinctionem mistice signifi-   115

99 rugienti *ABR: om. I*   108 affixi *ABR:* affixe *I*   108–109 deaurati *ABR:*
deauratis *I*   109–110 euangelistarum *ABR:* euangeliorum *I*   110 super faciem arche quadrangula *AB:* superficiem arche quadrangulam *IR*

98–99 *"Marcus amat ... rugienti":* Juvencus, *Euangeliorum libri IV,* praef.,
ll. 3 and 7.

100–101 *Augustinus ... tribu:* Augustine, *De consensu euangelistarum,* lib.
1, cap. 6, n. 9.

106–109 *In quatuor ... deaurati:* The following exposition closely observes
the description of the Ark of the Covenant. Cf. Ex. 25:10–40.

108 *setthim:* shittim (or acacia), the wood of the shittah tree which grows
in the Sinai desert.

114–115 *interpolate distincta celaturis:* 'decorated with engravings within
sections.'

cata est inter /**88va**/ electos differentia claritatis. Quatuor anuli aurei et rotundi quatuor euangeliste, qui eternam claritatem et claram eternitatem nobis annuntiant. In auro siquidem fulgor, in rotunditate perfectio. Duo anuli a dextris duo euangeliste, qui
120 cum Domino corporaliter conuersati sunt et eius doctrinam audierunt; duo a sinistris Marcus et Lucas, qui nec forte Dominum in carne uiderunt. Alii econuerso per duos a sinistris uolunt intelligi duos qui doctrinam euangelicam addidicerunt, dum adhuc Christus mortalis; per duos a dextris illos duos qui post resur-
125 rectionem, postquam factus est immortalis, quia per sinistram mortalitas, per dexteram immortalitas solet intelligi.

Quibus uidentur consonare picture ecclesiarum. Vbi enim depinguntur Petrus et Paulus Domino collaterales, Paulus depingitur a dextris, Petrus a sinistris. Vnde a simili per duos anu-
130 los a dextris significari uidentur duo euangeliste, qui Dominum in carne non uiderunt sicut nec uidit Paulus, Marcus scilicet et Lucas, quorum alter fuit discipulus Petri, alter Pauli. Marcus enim iste, quem habemus pre manibus, Petri fuit in baptismate filius et eiusdem in diuino sermone discipulus. Qui, ut sacerdo-

---

131 sicut: sed *T*

119–126 *Duo anuli ... solet intelligi:* cf. above, Matt., § 1, 138–147.

125–126 *per sinistram ... intelligi:* cf. Gregory, *Homiliae in euangelia*, lib. 2, hom. 21, n. 2.

127 *picture ecclesiarum:* Comestor's idiosyncratic allusion to church decorations appears at times in his other biblical lectures, as well as the *Historia scholastica*. For example: Peter Comestor, *Historia euangelica*, cap. 5, PL 198:1540B, where the master, while discussing the animals traditionally included in nativity scenes, refers his audience to certain *picturis ecclesiarum*, which, he adds: "sunt quasi libri laicorum" – "are like the books of the laity [*i.e.* the unlettered]."

129–132 *Vnde a simili ... alter Pauli:* cf. Bede, *De tabernaculo*, lib. 3, cap. 5, PL 91:490.

tio haberetur reprobus, fertur sibi pollicem abscidisse et, ut   135
Ieronimus tradit, fuit colobodactilus, id est modicam habens
quantitatem articulorum iuxta proportionalem quantitatem aliorum membrorum. *Colon* enim 'membrum,' *dactilon* 'digitus.'
    Eius materia sunt precepta, mandata, testimonia et exempla.
Eius intentio est utramquam in Christo asserere naturam.   140
Modus: antequam ad seriem narrationis descendat, ad commendationem generis sui, scilicet Leuitici, de quo omnes
prophete fuerunt, premittit testimonia prophetarum, scilicet
Ysaie et Malachie. Postea descendit ad narrationem incipiens a
paranimpho sponsi, id est a Iohanne, ibi scilicet: *Fuit Iohannes*   145
et cetera. Consequenter agit de baptismo Iohannis et Christi, de
ieiunio et temptatione deserti. Deinde prosequitur excellentiora
miracula quousque perueniat ad passionem. Deinde agit de resurrectione, de qua plenius quam alii. Tandem de ascensione ter-

---

135–136 *ut Ieronimus tradit:* The master is here paraphrasing the 'Monarchian' Prologue to Mark (misattributed to Jerome – see below, § 5), which
reads: "Denique amputasse sibi post fidem pollicem dicitur, ut sacerdotio
reprobus haberetur."

136 *colobodactilus:* 'stump-fingered.' A unique epithet for Mark ultimately
derived from Hippolytus, which entered the Latin tradition through an ancient preface to the Gospel from the ca. tenth-century Codex Toletanus.

138 *Colon ... 'digitus':* cf. Isidore, *Etymologiae*, lib. 1, cap. 17, n. 8 and *ibid.*,
lib. 2, cap. 18, n. 1.

143–144 *testimonia ... Ysaie et Malachie:* In the initial verses of his Gospel,
Mark cites Mal. 3:1 and Is. 40:3.

145 *paranimpho:* a groomsman, or, more specifically, a messenger between the bride and bridegroom. The title is used of John the Baptist with
reference to Christ, the bridegroom (*sponsus*), by a number of ancient and
medieval commentators, most notably Augustine, *Sermones ad populum*,
sermo 293, n. 7, PL 38:1332, and Peter Lombard, *Magna glosatura ad Psalmos*,
Ps. 131:13, PL 191:1181A. • *Fuit Iohannes:* Marc. 1:4.

150 minans euangelium in predicatione apostolorum sub his uerbis: *Illi autem profecti predicauerunt ubique Domino cooperante et sermonem confirmante sequentibus signis.*

2. GLOSAE SVPER GLOSAM I *

QVATVOR SVNT QVALITATES et cetera. Expositurus euangelium
155 Marci Ieronimus ostendit que sit eius, immo omnium, materia. Ostendit quoque cur predecessores sui Marcum intactum reliquerunt, scilicet tum pro difficultate tum quia pedissecus est Mathei, et quare ipse apposuerit manum, quia licet in plerisque Mathei insistat uestigiis, propriis tamen gaudet priuilegiis, quia
160 sunt capitula propria Marci. Addit etiam ad eius commendationem quod fuerit Leuiticus genere et ubi scripserit euangelium. Ait itaque: QVATVOR SVNT QVALITATES et cetera, id est quatuor rerum genera siue maneries iuxta quod solet dici quatuor qualitates herbarum. Vel: QVATVOR QVALITATES, id est quatuor animi

151–152 *Illi autem ... signis:* Marc. 16:20.

155 *omnium:* understand 'euangelistarum.'

157 *pedissecus = pedisequus:* 'one who follows on foot.'

161 *Leuiticus genere:* Under the Mosaic Law, the sons of the Tribe of Levi were set apart for the sacred function of serving at the tabernacle (cf. Num. 18:23), a prefiguration of the Christian priesthood.

162–164 *quatuor rerum ... herbarum:* cf. Anselm of Laon(?), *Glosae super Georgicon,* ad lib. II, 83–85 (Berlin, Staatsbibliothek, MS lat. fol. 34, fol. 38va): "Et hoc est: HAVD VNVM GENVS, id est maneria una non est, VLMIS. LOTO, arbori illi, NON CIPARISSIS, id est arboribus illis. IDEIS. Dixit quia crescunt in Ida silua. FACIEM, id est maneriem."

163 *maneries, -ei* (f.): kind or species of something, particularly used with reference to plants. A variant of *maneria, -ae* (f.).

163–164 *quatuor qualitates herbarum:* According to twelfth-century physics, plants could be informed by four qualities: heat or coldness, and humidity or dryness. Cf. William of Conches, *Dragmaticon Philosophiae,* lib. 6, cap. 6, n. 10: "Vnde physica quatuor gradus qualitatibus herbarum ..."

nostri informationes, quia hec quatuor informant animum ad   165
opera quatuor uirtutum, ut qualitates informant substantiam.

DE QVIBVS et cetera, id est que sunt materia euangeliorum.
Et uide quia 'precepta' uocat prohibitiones, 'mandata' iussiones,
'testimonia' uocat opera miraculosa Christum esse Deum tes-
tantia et uerba testimonium deitatis ei perhibentia, 'exempla'   170
opera misericordie nobis in exemplum proposita et uerba quibus·
nos inuitat ad perfectionem, sicut ex glose executione patebit.

IN PRECEPTIS, id est in prohibitionibus, EST IVSTITIA, id est
nos informant ad iustitiam, quia consonant iustitie legis naturalis, que dictat non faciendum alii quod tibi non uis fieri. Dictat   175
enim naturalis ratio non esse facien-/**88vb**/-da que prohibentur
a Deo. Vel ita: IN PRECEPTIS EST, id est apparet, IVSTITIA, quia prohibentur iniusta. Vnde per contrarium magis elucescit que iusta.
Et uide quia in omnibus EST IVSTITIA, id est omnia informant ad
iustitiam. Vnde sic elegantius exponitur, ut prohibitionibus ali-   180
quid speciale assignetur.

---

165 informationes: inform *sed spatium reliquit T*   **172** sicut: sed *T*

165 *informationes:* teachings or instructions, that is, principles that give
form to the rational soul.

166 *qualitates informant substantiam:* In 'nascent' scholastic logic, following Aristotle and his commentators, a substance is said to be *informed*, or
specified in respect to its form, by *qualities* (which, within the Ten Categories,
constitute one of the nine types of accidents). A man, for instance, is informed
by the quality of health.

172 *sicut ex glose executione patebit:* 'as it will be evident from the following exposition of the gloss.'

175 *non faciendum alii ... non uis fieri:* a gerundive with a dative of reference
(lit. 'it ought not be done to another'), qualified by the relative clause and
pronoun (*quod*).

175–177 *Dictat enim ... a Deo:* cf. Peter Lombard, *Sententiae*, lib. 2, d. 20,
cap. 6, n. 2.

IN MANDATIS, id est in executione iussionum, EST, id est apparet, CARITAS, quia probatio dilectionis exhibitio est operis. Vel ita: IN MANDATIS, id est inter mandata, supple 'etiam,' EST CARI-
185 TAS, id est mandatum caritatis. Vel ita: IN MANDATIS EST CARITAS, id est consummatio caritatis siue Christiane religionis, cuius inchoatio ab obseruatione prohibitionum et consummatur in impletione iussionum. Consistit enim in declinare a malo et facere bonum: "Elige cui dicas 'tu mihi sola places.'"
190 Tertia tamen magis exprimit mentem Ieronimi, quod perspicuum est diligentius attendenti. Quod exemplo de prohibitionibus supposito statim addidit: HOC EST DIVERTERE A MALO. Exemplo de iussionibus supposito addidit: HOC EST FACERE BONVM ET CARITATEM IMPLERE, acsi tacite diceret 'a prohibitioni-
195 bus est inchoatio, sed in iussionibus caritatis impletio.' IN TESTIMONIIS FIDES, id est in testimoniis est robur fidei si eis abhibeatur fides. Deprauantibus enim non sunt ad robur fidei, utpote Iudeis dicentibus: *In Beelzebub principe demoniorum eiecit demonia.*
200 IN EXEMPLIS ENIM, id est in operibus misericordia, EST, id est apparet, PERFECTIO, id est humilitatis consummatio, ut in eo

---

182 IN: iam *T*   **184** etiam: est *add. T*   **186–187** inchoatio ab obseruatione: est inchoatum ad obseruationem *T*   **187** consummatur: consumatur *T*
192–193 HOC EST ... addidit: *om. ob hom. T*

183 *probatio ... operis:* Gregory, *Homiliae in euangelia,* lib. 2, hom. 3, n. 1.
188–189 *Consistit ... bonum:* cf. Ps. 36:27; Ps. Augustine (Belgicus), *Sermones,* sermo 41, PL 40:1314.
189 *"Elige ... places":* Ovid, *Ars Amatoria* 1.42.
190 *Tertia:* The implicit subject is *qualitas.* The third of the four *qualitates* treated in this preface (attributed to Jerome) are the *testimonia* to Christ's divinity interwoven throughout the Gospels.
198–199 *In Beelzebub ... demonia:* Luc. 11:15; cf. Marc. 3:22.

quod misericorditer inclinauit se ad laudandos pedes discipulo-
rum maior ad pedes minorum. Pulcre autem nomine pefectio-
nis intelligitur humilitas, quia ceteras uirtutes perficit, id est con-
seruat, quia "humilitas uirtutum seruatrix, superbia dissipatrix."   205
Vnde a Gregorio comparantur cetere uirtutes absque humilitate
pulueri tenuissimo sparso in supercilio montis, qui uento insuf-
flante dispergitur. Humilitas enim cementum est spiritualis edi-
ficii ceteras uirtutes compaginans.

    PRECEPTA HVIVSMODI: IN VIAM GENTIVM et cetera. Ex exem-   210
plis liquet quia 'precepta' uocat prohibitiones, 'mandata' iussiones. Hoc precepto ad litteram prohibitum est apostolis ante
passionem, ne transirent ad gentes. Sed si ita hic intelligatur, non
erit assignare qualiter in hoc precepto appareat iustitia. Ideo sic
quantum ad presens: IN VIAM GENTIVM NE ABIERITIS, id est ne   215
sequamini errores gentilium, quasi ne sitis fornicarii, ydolatre,
sanguinarii.

    TESTIMONIA QVE IN ORE et cetera. Hinc patet quia 'testimo-
nia' uocat non solum opera sed etiam uerba Christo testimonium

---

202 inclinauit: inclinarent *T*

    202–203 *inclinauit se ... minorum:* cf. Ioh. 13:14–71.

    205 *"humilitas ... dissipatrix":* Hildebert of Lavardin, *Sermones*, sermo 123,
PL 171:901A. ♦ *dissipatrix -icis* (f.): 'she who scatters or destroys.' As with *humilitas ... seruatrix*, the unusual feminine form is here used to match the gen-
der of the sin (*superbia*) of which it is predicated.

    206–208 *a Gregorio ... dispergitur:* Gregory, *Homiliae in euangelia*, lib. 1,
hom. 7, n. 4.

    213–214 *non erit assignare:* Comestor again betrays his predilection for
the nominal function of infinitives; hence: "there will be no designation ..."

    215–217 *ne sequamini ... sanguinarii:* cf. 1 Cor. 6:9.

    216 *ydolatre* = *idolatra -ae* (c.): 'idolater.'

220 deitatis perhibentia. Et de his exemplificat cuiusmodi sunt uerba
Iohannis et Patris, que sunt duo testimonia Christi. Tertium testimonium sunt opera Christi, de quibus hic non exemplificat. EX-
EMPLA VT HOC. Hinc quoque patet quia 'exempla' uocat non
solum opera misericordie sed etiam uerba, quibus nos hortatur
225 ad humilitatem, de quibus exemplificat, non de operibus.

DE HIS DICIT DAVID. Quasi diceret: 'huius materie euangelice
quadripartite quoddam seminarium nobis reliquit Dauid de his
quatuor separatim agens.' De preceptis ubi ait: PRECEPTVM DO-
MINI LVCIDVM. Et uide quia hic oportet mutare aliquantulum pre-
230 missam distinctionem, quia diligentius attendenti perspicuum
est quod 'precepta' uocat hic tam prohibitiones quam iussiones,
'mandata' solum mandatum caritatis. Quasi diceret Dauid: 'precepta euangelica tam prohibitiones quam iussiones lucida sunt.'

Et hoc probat subdens: HISTORIAM et cetera. Quasi diceret:
235 'uere lucida, quia historice intellecta.' Allegoria enim obscura est,
unde precepta lega-/**89ra**/-lia obscura, quia mistica. Vnde et
adhuc unum de moralibus subobscurum est: *Obserua sabbatum*.
Non enim accipiendum est de sabbato temporis, sed de sabbato
pectoris, acsi mistice homini diceretur: 'habe in presenti sabba-
240 tum pectoris, ut in futuro habeas sabbatum eternitatis.'

---

226 DAVID: et *add. T*   **228** separatim: separatius *T*   **240** ut: si *T*

220–221 *uerba Iohannis ... testimonia Christi:* cf. Mk. 1:7–8 and 11.
227 *seminarium:* a seedbed or nursery-garden.
228–229 PRECEPTVM ... LVCIDVM: Ps. 18:9.
237 *de moralibus: moralia* are the principles of the moral law enshrined in the Ten Commandments, of which the observance of the Sabbath is the third.
• *subobscurum:* 'somewhat obscure.' • *Obserua sabbatum:* Ps. 18:9.
239–240 *'habe in ... sabbatum eternitatis':* cf. Peter Lombard, *Magna glosatura ad Psalmos*, Ps. 91, intro., PL 191:855BD.

ET ALIBI: *LATVM MANDATVM TVVM NIMIS*, quod specialiter de mandato caritatis intelligitur, et in precedenti supponendo exemplum de mandatis posuit mandatum caritatis. Vnde liquet quia 'mandata' uocat hic mandata caritatis sola, cuius latitudinem latitudo crucis exprimit. Et Dominus caritatem usque ad inimicos extendendam ostendit, cum in cruce manus extendit. *TESTIMONIVM DOMINI FIDELE*, id est fide sola comprehensibile, QVIA PLVS et cetera. 245

QVARTO: *IVDICIA* et cetera. Hic artabatur Ieronimus in toto libro Dauid non inueniens hoc nomen 'exemplum.' Et quia non inueniebat testimonium scripture sub nomine exempli, ideo pro hoc nomine exemplum posuit quod uisum est ei equiualens ad propositum. Quasi diceret: 'quarto fecit Dauid mentionem de exemplis, sed sub alio nomine.' 250

Et uide quia iudicia Dei sunt exemplaria iudiciorum nostrorum, quibus nostra debeant conformari. Iudicia nostra sunt eorum exempla, non tamen eis usquequaque conformia. Non enim parcit iudex fori sicut iudex poli reo confitenti crimen suum; immo, si fur confiteatur iudici furtum, statim trahitur ad suspendium, sed a iudice poli absoluitur reus confitens crimen 255

260

---

241 *LATVM*: dat. *T*   **256** debeant: debeat *T*   **258** parcit: homo *add. T*

245–246 *Dominus ... extendit:* cf. Heiric of Auxerre, *Homiliae*, pars hiem., hom. 65, 1135–39.

250 *libro Dauid:* namely, the Psalms, from which Jerome (*i.e.* the gloss attributed to him) draws examples to elucidate the other three *qualitates*.

258 *iudex fori, iudex poli:* 'the judge of the court' and 'the Judge of Heaven,' respectively. Comestor further elaborates on this distinction between human and divine justice in one of his sermons. Cf. Peter Comestor, *Sermones*, sermo 39, PL 198:1813D.

suum. In hoc tamen se debet conformare iudex homo iudici Deo, ut in iudicio non accipiat personatum. Et hoc est: IVDICIA DOMINI VERA, supple 'que sunt exemplaria iudiciorum nostrorum,' VT IVDICIORVM NOSTRORVM EXEMPLA, id est iudicia nostra, que sunt
265 exempla. A IVDICIIS TVIS TIMVI, id est consideratione iudiciorum tuorum timor mihi incutitur, nisi iudicia mea tuis conformentur.

IN HIS QVATVOR QVALITATIBVS. IN HIS, scilicet quatuor partibus materie euangelice, SVNT TIMOR et cetera. In his dicuntur esse hec, quia his adiuncta. Vel si uelis dicere in his hec esse, id
270 est ex his, in primo satis eleganter poteris assignare, quia ex prohibitionibus sequitur timor gehenne. In aliis non ita eleganter, sed quoquomodo, quia ex testimoniis fides confirmatur, ex exemplis spes roboratur, ex mandatis caritas consummatur. Et ita IN HIS, id est ex his, sunt hec, quia ex preceptis timor, ex testi-
275 moniis fides, id est robur fidei, ex exemplis spes, id est robur spei.

A TIMORE. Supple ad continuationem 'que sunt necessaria ad perfectionem huius uite.' A TIMORE NAMQVE INCIPIMVS et

---

266 conformentur: conformantur *T*   273 consummatur: consumatur *T*
276 continuationem: *om. sed spatium reliquit T*   277 INCIPIMVS: *om. sed spatium reliquit T*

262 *personatus -us* (m.): a dignitary or a publicly respected personage, or simply a person or individual. The phrase *ut non accipiat personatum* ('so that he does not regard the person's status') recalls Act. 10:34 (*non est personarum acceptor Deus*, 'God is not a respecter of persons'), meaning that the just judgment of God, which the human judge should imitate, has no regard for a man's worldly station, but only the true state of his heart. Cf. Peter Comestor, *Historia euangelica*, cap. 113, PL 198:1596B: "*Non enim personarum acceptor est Deus*, ut scilicet personatum aliquem obseruet sine meritis in dando salutem aeternam."

268–269 *In his dicuntur esse hec*: As Comestor explains, *his* refers to the four *qualitates*, and *hec* to the virtues that Jerome (*i.e.* the gloss) ascribes to each quality respectively: *timor, fides, spes, caritas.*

cetera, quia timor facit declinare a malo. Vnde inchoatio FIDE firmata, SPE firma. *FINIS PRECEPTI*, id est consummatio omnium preceptorum. ANTE MESSEM, id est refectionem eterne beatitudinis. 280

3. GLOSAE SVPER GLOSAM II *

MARCVM PENE INTACTVM, quia pedissecus est Mathei, etiam pro difficultate eum intactum reliquerunt antiqui, nec legit eum magister Anselmus nec magister Radulfus.

EADEM QVE MATHEVS. Modo transi: VT ALTERIVS ALA ALAM 285
ALTERIVS TANGAT ANIMALIS, id est ut Marcus Mathei uestigia contingat, ET ROTA ROTAM EADEM VIA SEQVVATVR, quasi sicut rota rotam sequebatur eadem orbita, sic Marcus Matheum eadem semita, ET VERSIS AD INVICEM VVLTIBVS, quasi sic se ad inuicem respiciant Matheus et Marcus. Quasi diceret: 'hoc significatum 290
est per illa tria, scilicet per contactum alarum animalium, per consecutionem rotarum animalia sequentium, per mutuum /89rb/respectum duorum cherubim respicientium sese et propitiatorium.'

283 *antiqui* : ancient writers, particularly the Church Fathers.

283–284 *nec legit eum ... Radulfus:* Masters Anselm and Ralph, the brothers whose biblical teaching made the School of Laon the preeminent institution of theological learning in the first quarter of the twelfth century, were famous for lecturing on (*legere*) the sacred page. Their classroom teaching constitutes the basis for many books of the *Glossa ordinaria*, but not that of Mark, as Comestor here suggests.

293–294 *propitiatorium:* the 'place of atonement' or 'Mercy Seat,' being the golden covering of the Ark of the Covenant where God is approached in expiation. To expound the lemma from the Gloss, Comestor here paraphrases the passage in Exodus describing this covering, at the ends of which were placed two golden cherubim facing each other (here likened to Matthew and Mark): "Cherub unus sit in latere uno et alter in altero... respiciantque se mutuo uersis uultibus in propitiatorium quo operienda est arca" (Ex. 25:19–20).

295 Nunc resume quod dimiseras: LICET QVIBVSDAM DISTINCTIS
TESTIMONIIS, id est capitulis. Et hinc continua illud: IN PRIMO
CANONE et cetera. Hos canones primus inuenit Amonius Alexan-
drinus, qui consonantias et dissonantias omnium euangelistarum
in unum redegit uolumen. Eosdem postea explanauit Eusebius
300 Cesariensis. Nec sunt aliud canones euangelistarum nisi regu-
lares collectiones capitulorum, in quibus conueniunt uel quatuor
uel tres eorum uel duo. 'Regula' enim dicitur conuenientia
plurium in aliquo, ut sit primus canon regularis collectio capitulorum, in quibus omnes conueniunt. Est ultimus regularis col-

---

295 DISTINCTIS: *om. T* **296** capitulis: capituli *T* **297** Amonius: Antonius *T*
304–305 omnes ... in quibus: *om. ob hom. T*

295–296 *Nunc resume ... continua illud:* note how Comestor instructs his
students to follow his reading of the Gloss from their own copies: 'Take up the
part where you left off' (*resume quod dimiseras*) ... 'carry on at this part' (*continua illud*).

297–328 *Hos canones ... aliorum Marcus:* Comestor's prolonged and
somewhat arcane discussion of the ten canons can be epitomized as follows: according to the agreement (*conuenientia*) and difference (*inconuenientia*) observed among the texts of the four Gospels, it is possible to arrange
the evangelists into distinct groupings (*diuersitates*). Nine of these groupings, visually presented in tables (*canones*), represent different permuta-
tions according to which various sections (*capitula*) from multiple Gospel
accounts overlap, while the tenth constitutes the material specific to each
evangelist. All of the sections or verses of the four Gospels were categorized
according to these canons in certain medieval versions of the Bible. Cf.
Jerome, "Praefatio in euangelio," PL 29:525C–530. Comestor's discussion
also draws material from Isidore, *Etymologiae*, lib. 6, cap. 15.

299–300 *Eusebius Cesariensis:* In his *Epistula ad Carpianum* (PG 22:1276–
1277), Eusebius of Caesarea attributes the innovative development of his
Gospel Harmony to the now lost *Diatesseron* of Ammonius of Alexandria, which

lectio capitulorum, in quibus omnes differunt, qui improprie di-   305
citur 'canon.'

Inconuenientia trium quatuor forma diuersitates et quartam
exclude, quia quartus uel quintus canon non inuenitur hoc
modo: Matheus, Marcus, Lucas; Matheus, Lucas, Iohannes;
Matheus, Marcus, Iohannes; Marcus, Lucas, Iohannes. Hanc   310
quartam exclude, quia non conueniunt isti tres sine Matheo, ut
sic de conuenientia trium habeas tres canones. Et ita iam habes
quinque, scilicet primum et ultimum et tres de conuenientia
trium. Inconuenientia duorum forma sex diuersitates, et sexta
exclusa habebis quinque canones hoc modo: Matheus, Lucas;   315
Matheus, Marcus; Matheus, Iohannes. Modo dimitte Matheum
et sume alios: Marcus, Lucas; Lucas, Iohannes. Sed Marcus et
Iohannes numquam conueniunt.

Et ita de conuenientia duorum habes quinque canones, et sic
omnino decem. IN PRIMO: Matheus, Marcus, Lucas, Iohannes. IN   320
SECVNDO: Matheus, Marcus, Lucas. IN TERTIO: Matheus, Lucas, Io-
hannes. IN QVARTO: Matheus, Marcus, Iohannes. IN QVINTO:
Matheus, Lucas. IN SEXTO: Matheus, Marcus. IN SEPTIMO: Matheus,
Iohannes. IN OCTAVO: Marcus, Lucas. IN NONO: Lucas, Iohannes.
IN DECIMO differunt, quia decimus dicitur propria singulorum im-   325
proprie, quia nulli conueniunt etiam in propriis. Tertius, quintus,

---

308 quartus uel: *om. T*   **317** Iohannes: Marcus Iohannes *add. T*

presented the areas of agreement and difference between the four Gospels in ten
tables (*canones*), subsequently known as the 'Ammonian' or 'Eusebian' Sections.

307 *forma:* imperative singular of *formare*, construed together with
exclude.

325 *propria:* the understood antecedent is *conuenientia*; thus: 'the tenth
canon is improperly called the individual [concordance] of each of the
Gospels.'

septimus et nonus hic pretermittuntur a Ieronimo, quia in his non
conuenit cum aliquo uel aliquibus aliorum Marcus.

330 SPATIATIM, id est non seriatim, non continue ponendo, sed
aliorum capitulis sua interserendo. Et noli intelligere capitula
maiores distinctiones, que fiunt secundum ordinem tractatus,
sed minores clausulas, quandoque unius tantum, quandoque
duarum linearum. QVE OMNIA, id est omnium, SIMVL, non Marci
tantum, que locis suis distinguentur.

335 4. GLOSAE SVPER GLOSAM III *

MARCVS EVANGELISTA DEI et cetera. Hec glosa est quasi
proemium. Et uide quia prologus potest esse diffusus et multa
continere pertinentia ad rem et ad multa euagari preter rem.
Proemium autem dicitur proprie breuis summa prologi, quale

340 est proemium ante prologum Luce, ubi habetur: *Lectorem obsecro* et cetera, quod adhuc obscurum est. Vnde proemium dicitur

---

327 *pretermittuntur:* namely, the third, fifth, seventh, and ninth canons,
into which the Gospel of Mark does not figure.

329 SPATIATIM: 'in positions separated by spaces.'

340–341 *Lectorem obsecro:* a short prefatory gloss (or *proemium*) from
the *Glossa ordinaria* on Luke, beginning: "Lectorem obsecro studiose pagi-
nas." Perhaps the reason Comestor chose not to lecture on this gloss at the beginning of his *Glosae super Lucam glosatum* (edited below) is because its
meaning remains "adhuc obscurum."

341–347 *proemium dicitur ... citharizationem:* Comestor's categories for
the various types of prefatory material, including his charming analogy of the
harpist, are largely derived from an anonymous tenth-century commentary
on Boethius' *De arithmetica:* "Proemium. Imen dicunt Graeci 'uiam,' pro 'ante'
uel 'prae'; unde proemium uel proimium 'praefatio' uel 'praeuiatio,' quae fit antequam dicatur id quod susceptum est ad dicendum. Est autem proprie
proemium tractus cordarum, quae et praeparatio potest dici, quae praecedit
citharizationem, per quam praeuiationem ingreditur musicus ad certum et dis-
positum sonum quasi per uiam." Ed. Irene Caiazzo, "Un Commento alto-

quasi 'preuium,' est enim quasi quedam preuiatio, id est uie preparatio ad prologum, quia est quasi ingressus ad prologum. Proprie autem dicitur proemium breuis prelibatio cordarum ante citharizationem, quia citharista prelibat et pretemptat omnes cordas si commode sonent. Et huiusmodi prelibatio est quasi quedam preuiatio, id est uie preparatio ad citharizationem.   345

OPVS, id est cura et intentio, CVIVS, scilicet Marci, SCIRE DICTA, euangelia, PER SINGVLA, id est scire singula dicta euangelii, ET IN SE DISPONERE, id est implere, ET DISCIPLINAM IN SE LEGIS AGNOSCERE, id est considerare et recognoscere quia lex mittebat ad euangelium, quia lex disciplinauit eum, per cuius disciplinam uenit ad fidem. Vel ita: DICTA EVANGELII CVIVS, et utrobique refertur 'cuius' ad Marcum, FVIT OPVS, lectori, SCIRE PER SINGVLA, id est perfecte, ET IN SE DISPONERE, id est secundum ea uitam suam informare. Vel: CVIVS, /**89va**/ euangelii.   350   355

QVI SEMINAT POST MATHEVM, eadem fere. QVI FREMIT VT LEO, incipiens a rugitu leonis et quasi in resurrectione terminans: *Vox clamantis* et cetera, unde figuram leonis sortitur. QVI VOLAT

---

345 pretemptat: preterat *T*   **348** SCIRE: scribe *T*   **353** CVIVS: cum *T*

medievale al *De arithmetica* di Boezio," *Archivum Latinitatis Medii Ævi* 58 (2000), 113–50, at 128.

   342 *preuiatio:* formed from *praeuiare,* 'to go before,' 'to lead the way.'

   345 *citharizatio, citharista:* 'the playing of the harp' and 'a harpist' respectively.

   351–353 *lex mittebat ... ad fidem:* cf. Hilary of Poitiers, *Commentarius in Matthaeum,* cap. 11, n. 2.

   357 SEMINAT... *eadem fere:* '[MARK] SOWS... nearly the same seeds.' The sense of this comment relies on a phrase from the previous gloss (§ 2): "[Marcus] pene eadem que Mattheus narrat."

   359 *Vox clamantis:* Marc. 1:3.

360 VT AQVILA, de ascensione agendo. DISCERNIT VT HOMO, de
Christi humanitate agendo, cuius hominis quasi proprium est
discernere. IMMOLAT VT SACERDOS, de passione agendo, quod
uitulo congruit. Et ita est animal tetriceps. QVI RIGAT VT FLVMEN,
id est sufficientem tradit doctrinam. FLORESCIT, id est excellen-
365 tiora miracula tamquam potiores flores colligit. CHRISTVS ENIM,
quasi non tantum pro modo tractandi ille quatuor figure ei congruunt, sed etiam pro Christo de quo agit, cui congruunt ille
quatuor.

5. GLOSAE SVPER PROLOGVM IERONIMI *

370 MARCVS et cetera. Premittit Ieronimus huic operi proemium ad
commendationem auctoris ostendens quis et ubi scripserit hoc
euangelium. In prima ergo parte proemii commendat Marcum et
circa finem redit ad commendationem eiusdem. Commendat
autem eum secundum utrumque statum: et secundum statum
375 ante fidem et secundum statum fidei. Et secundum statum ante
fidem commendat a duobus, scilicet a genere et ab ordine, scilicet quia genere Leuiticus et quia sacerdos. Secundum statum

---

366 ille: illa *T*

363 *tetriceps:* 'four-headed.' A rare word in medieval Latin texts, idiosyn-
cratically formed with the Greek prefix (*tetra-*) in preference to the more common Latin form *quadriceps*.

370 MARCVS *et cetera:* Here, manuscript *I* includes two accretions demarcated within the main column of text, explaining the order in which
Comestor lectured on the various prefaces contained in the Mark Gloss
(36rb): "§ Proemium legit magister [Comestor] ante alias g(losas), quia ille
non sufficerent ad unam lectionem et prologus satis sufficit. § Magister tamen
legebat eo ordine quo habetur in libro *Marcus euangelista Dei et Petri* et cetera."

fidei similiter commendat a duobus, scilicet a professione et dignitate, scilicet quia Christiane professionis et quia euangelista.

Vtitur autem in eius commendatione ordine artificiali, quo   380
preposterato habebis ordinem naturalem, hoc modo: MARCVS
SECVNDVM CARNEM LEVITA, et commendat secundum statum
ante fidem a genere. Et postea: SACERDOTIVM AGENS IN ISRAEL, id
est sub lege. Hic ab ordine secundum eundem statum. Postea:
CONVERSVS AD FIDEM CHRISTI. Hic secundum statum fidei. A pro-   385
fessione: ET PETRI IN BAPTISMATE FILIVS ET EIVSDEM IN DIVINO
SERMONE DISCIPVLVS.

Et tandem: EVANGELISTA DEI ELECTVS. Hic a dignitate siue
ab officio ⟨secundum eundem statum. SCRIPSIT EVANGELIVM IN
ITALIA, tamen Grece, quia Greca lingua tunc temporis nota erat   390
Rome ut Latina. Cuius rei argumentum est quod eius apud nos

379 Christiane: sacre *T*   383 SACERDOTIVM: E. *add. T*   385 CONVERSVS:
conuersum *T*   389–425 secundum eundem statum ... modum tube: *om. sed*
spatium reliquit T   390 tamen *AB*: quia *IR*

379 *Christiane professionis:* a genitive of characteristic modifying the implicit antecedent *Marcus*, with a form of the verb 'to be' understood; *i.e.* 'because he was of the Christian profession.'

380–381 *ordo naturalis* and *artificialis:* terms belonging to the trivium.
The 'natural order' (produced when the subject and its complements precede the main verb) was suited to grammatical expression and commentary,
while the 'artificial order' (produced when the parts of speech are transposed
and more beautifully arranged) was appropriate for rhetoric.

391 *Rome:* locative. • *eius:* supply 'euangelii.'

391–395 *Cuius rei ... historiam reliquit:* Ancient traditions variously held
that Mark's Gospel was written in Greek (supported by Jerome), in Latin
(maintained, for instance, by John Beleth; see the note below, at 392–393),
or indeed in both Latin and Greek. It is unclear to which *quidam* Comestor
is here alluding, who asserted that they possessed a manuscript in which Mark
recorded his Gospel account in both languages.

diuerse inueniuntur translationes, quod nequaquam esset si Latine scripsisset. Sunt tamen qui mentiantur se habere librum Greco et Latino sermone conscriptum, quem in scribendo hanc
395 historiam reliquit. Ecce habes naturalem ordinem.

Hic intersere illam glosam: MARCVS PETRI DISCIPVLVS et cetera. Et uide quia quidam sic distingunt: DEI ET PETRI FILIVS. Sed melius sic: EVANGELISTA DEI, PETRI FILIVS. Vnde Petrus in epistola canonica: *Salutat uos Marcus filius meus.* OSTENDENS IN
400 EO, euangelio. Vel: IN EO, id est per hoc, scilicet quod secundum carnem Leuita, quod conuersus ad fidem Christi. QVID, id est quam reuerentiam, DEBEAT GENITORI SVO, supple 'et quid ex genere debeat,' CHRISTO, hoc scilicet, ut eius euangelium exponeret et eius utramque naturam credentibus aperiret. Non
405 paruam enim generi suo exhibet reuerentiam dum operis sui principium prophetarum auctoritate premunit. Vel: QVID DEBEAT GENERI, id est prophetis, qui sunt de genere suo, scilicet eorum prophetias exponere et aliis predicare.

NAM INITIVM PRINCIPII. Ecce quid generi. Et distingue primo
410 inter initium et principium, ut 'principium' dicatur principium

399 OSTENDENS *ABR*: omnes *I*   406 premunit *BR*: premittit *A*, preminet *I*
407 qui *BR*: quod *A*, que *I*

392–393 *si Latine scripsisset:* Here, a third accretion in manuscript *I* bears witness to another opinion that Comestor's students heard in the classroom of a contemporary Parisian master (36rb–37va): "Et tamen tunc quando magister [Comestor] hoc dixit, fuit in scholis quidam magister magni nominis nomine Iohannes Belent [*i.e.* Beleth], qui asserebat se uidisse cathedram Marchi super quam scripsit euangelium Latine."

397 *quidam sic distingunt:* The verb *distinguere* here refers to the division (or punctuation) of the text. Just as he does here, Comestor often refers to how other masters choose to punctuate and accordingly to interpret the text of the Gloss.

399 *Salutat ... meus:* 1 Pet. 5:13.

narrationis: *Fuit Iohannes* et cetera. 'Initium' uero quod ei pre-
mittitur. Vnde non simpliciter ait 'initium,' ne intelligeretur de
initio narrationis, sed 'initium principii.' 'Initium' enim dicitur
ab 'iniciendo,' quasi 'intrinsecus iactum.' Vnde semen quamdiu
est sub terra dicitur 'initium.' Cum primo emergit dicitur 'prin-   415
cipium,' quasi 'primum caput.' Cum iam distinguitur per articu-
los dicitur 'exordium,' quasi 'extra orditur.' ET EST INITIVM PRIN-
CIPII, id est initiale premissum principio. Vel: INITIVM PRINCIPII,
id est confirmationem principii, quia ad confirmandum principium narrationis premisse sunt prophetie. Vel: INITIVM PRINCIPII,   420
id est initiale principium uel principale initium, ut sit endiadis.
Et est summa: quocumque modo huius uerbuli expositio uari-
etur, 'initium principii,' IN VOCE PROPHETICE EXCLAMATIONIS IN-
STITVENS, id est a testimoniis prophetarum incipiens, quibus
tamquam preconibus congruit clamare, quasi in modum tube.⟩   425
/89vb/ OSTENDIT, hoc ipso, ORDINEM, id est dignitatem,
LEVITICE ELECTIONIS, id est tribus Leuitice ad ministerium suum
a Deo electe, de qua omnes fere prophete. Vel: ORDINEM
LEVITICE ELECTIONIS, id est electionem Leuitici ordinis, ut fiat
ypallage. De quo scilicet ordine electi omnes prophete et pre-   430

---

419 confirmationem *AB*: confirmatione *I*, constructionem *R*   **429** electionem: electio est *T*

411 *Fuit Iohannes:* Marc. 1:4.

412–417 *Vnde non ... 'extra orditur':* cf. Peter Comestor, *Sermones,* sermo
4, PL 198:1734D–1735B.

421 *endiadis:* 'hendiadys,' a poetical device according to which a single
idea is expressed by two grammatically equivalent words or phrases with a
conjunction.

422 *uerbuli:* diminutive of *uerbum,* here denoting 'a little phrase.'

430 *ypallage:* 'hypallage,' a rhetorical figure by which the natural relations
of things are interposed.

cursor Domini, *plus quam propheta*. VT PREDICANS. Ecce quid ex genere.

FILIVM ZACHARIE, id est Iohannem, ibi: *Fuit Iohannes* et cetera. IOHANNEM, dico, PREDESTINATVM, id est sola Dei gratia,
435 scilicet Christi predestinatione de sola gratia, natum contra usum et nature legem, cum iam declinasset uterque parens in senium, EMISSVM, id est editum. Vel: EMISSVM, id est premissum, IN VOCE ANGELI ANNVNTIANTIS, quia eius natiuitas uel premissio prenuntiata est ab angelo, que premissio per duas prophetias premissas
440 ostenditur, scilicet *ecce mitto* et *uox clamantis in deserto*.

PREDICANS, inquam, OSTENDERET IN INITIO EVANGELICE PREDICATIONIS, id est fere in initio euangelii sui, quia premisso de precursore statim subdit de mediatore. OSTENDERET, inquam, VERBVM CARNEM FACTVM. ET NON SOLVM HOC, materiale quod
445 de Virgine, SED ET CORPVS DOMINICVM, id est hominem assumptum, ANIMATVM IN OMNIA carismata, id est omni carismate Spiritus sancti repletum. Ipse enim est in quo habitat plenitudo diuinitatis corporaliter, qui solus accepit carismatum plenitudinem, de cuius plenitudine singuli modicam portionem. ANI-
450 MATVM, inquam, PER VERBVM DIVINE VOCIS, id est per Filium Dei homini assumpto unitum, qui est Verbum, DIVINE VOCIS, id est

---

435 predestinatione: predestinationi *T*   444 FACTVM: id est *add. T*
444–446 HOC ... assumptum: HOC SED ET CORPVS DOMINICVM, materiale quod de Virgine, id est hominem assumptum *T*   450 Filium: fidem *T*

431 *plus quam propheta:* Matt. 11:9 and Luc. 7:26.
440 *ecce mitto ... in deserto:* Comestor refers again to the prophecies of Malachi and Isaiah, cited in Marc. 1:2–3.
447–448 *in quo ... corporaliter:* cf. Col. 2:9.
449 *de cuius ... portionem:* cf. Ioh. 1:16.
450–451 *per Filium ... Verbum:* cf. Bede, *In Marci euangelium expositio*, lib. 1, cap. 1, 196.

Iohannis, qui est uox diuina. Christus enim Verbum uocis, Iohannes uox Verbi, id est declarans Verbum.

Vel: CORPVS DOMINICVM, spirituale, ANIMATVM IN OMNIA, ut
prius, PER VERBVM DIVINE VOCIS, ut prius, quia ecclesia per Ver-   455
bum incarnatum omni munere sancti Spiritus est repleta in singulis habens singula, non omnia. Vel: PER VERBVM DIVINE VOCIS,
id est per uerbum Iohannis, id est per penitentiam, que fuit quasi
spirituale uerbum Iohannis, per quam corpus Domini spirituale
animatur in omnia, id est uiuificatur, ita ut fiat idoneum ad per-   460
cipienda omnia Spiritus sancti carismata.

VT QVI, id est quicumque esset, HEC LEGENS, uel legeret,
SCIRET, quis esset ille, CVI, scilicet Iohanni, ESSET INITIVM CARNIS,
id est carnalis natiuitatis uel conceptionis, IN DOMINO, id est in
uirtute Domini et miraculo contra legem nature. Vnde et eius   465
conceptio tamquam miraculosa prenuntiata est ab angelo. Et
uide quia non ait 'a Domino,' quia hoc omnibus congruit habere
initium carnis a Domino, sed Iohanni specialiter 'in Domino,' ut
expositum est. Et consonat ei quod dixerat: PREDESTINATVM.

Vel ita: CVI ESSET INITIVM CARNIS IN DOMINO, id est ad ho-   470
norem Domini, id est quis ab initio carnalis natiuitatis sue, ex
quo scilicet natus est in utero matris, testimonium perhibuerit
Domino, scilicet Iohannes ad aduentum beate Virginis applau-
dens in utero materno, ipso applausu testimonium Dei Filio

452–453 *qui est uox ... Verbum:* cf. Sedulius Scottus(?), *In argumentum
euangelii secundum Iohannem,* PL 103:282C–283D.

456–457 *in singulis ... singula:* one of Comestor's common idioms (which
he shares with his mentor Peter Lombard), here meaning 'having individual
[gifts of the Holy Spirit] in individual [members of the Church].'

465–466 *eius conceptio ... ab angelo:* Luc. 1:11–20.

475 quem Virgo gestabat in utero. Vel Iohanni dicitur esse initium carnis in Domino, quia sanctificatus ab utero.

Aliter et legetur DOMINO ... SCIRET in hoc modo: CVI, supple 'Iohannes deberet attribuere,' INITIVM CARNIS, carnalis conceptionis scilicet, DOMINO, non nature, ET CARO, id est ecclesia, DE-
480 BERET AGNOSCERE SE ESSE HABITACVLVM IESV ADVENIENTIS. Eo enim ipso quod adueniens inhabitauit carnem potuit cognoscere caro, id est quilibet iustus homo, se esse habitaculum eius, quia anima iusti sedes Dei est, templum Dei iuxta quod ait apostolus: *Templum Dei sanctum est quod estis uos.*

485 ATQVE VT CARO, id est homo, Zacharias scilicet, INVENIRET IN SE VERBVM VOCIS, id est facultatem loquele, QVOD AMISERAT IN CONSONANTIBVS, non in uocalibus, quas potest proferre mutus. Et respicit ad hoc quod dixerat: CVI INITIVM CARNIS IN DOMINO. Zacharias enim, quia ad angeli promissio-/**90ra**/-nem hesitauit,
490 ad tempus obmutuit. Aliter et respicit ad hoc quod proximo dictum est: CARO DEBERET AGNOSCERE SE ESSE HABITACVLVM IESV ADVENIENTIS. ATQVE VT CARO, id est synagoga carnaliter sapiens,

---

476 sanctificatus: sanctificatur *T*   **477** SCIRET: sine *ut uid. T*   **478** CARNIS: id est *add. T*

476 *sanctificatus ab utero:* By virtue of the Virgin Mary's visitation to her pregnant cousin Elizabeth (Luc. 1:41), John the Baptist was said to have been sanctified in his mother's womb.
481–483 *adueniens ... Dei est:* cf. Peter Lombard, *Magna glosatura in Psalmos,* Ps. 13:3, PL 191:163C.
484 *Templum ... uos:* 1 Cor. 3:17.
489–490 *Zacharias ... obmutuit:* Luc. 1:11–22.
492 *synagoga carnaliter sapiens:* Medieval commentators commonly described the Synagogue, being representative of the Jewish people who rejected the Messiah, as having a 'carnal' understanding, that is, merely

INVENIRET IN SE VERBVM VOCIS, id est Christum per inhabitantem gratiam, qui est uerbum uocis, QVOD AMISERAT IN CONSONAN-TIBVS, id est quod significatum est esse amissum in amissione consonantium Zacharie. Per hoc enim quod uox Zacharie ablata est mistice significatum est Verbum, id est Dei Filium, ablatum a perfida synagoga. Per hoc enim quod nato Iohanne uox Zacharie restituta significatum est quia synagoga in ortu gratie in paucis credentibus est uisitata.

    Vel ita, ut fiat laxa relatio per 'quod': VT CARO, id est homo siue ecclesia, INVENIRET IN SE VERBVM VOCIS, id est Christum, QVOD, scilicet uerbum (non dico Verbum quod est Dei Filius, sed uerbum simpliciter) AMISERAT, id est ut homo INVENIRET VERBVM, QVOD AMISERAT. VERBVM INVENIRET, scilicet Verbum Dei, QVOD AMISERAT VERBVM legis. Quod uerbum legis AMISERAT IN CONSONANTIBVS, id est cuius amissio significata est in amissione consonantium, quia taciturnitas Zacharie significauit legis silentium, restitutio loquele substitutum legi euangelium.

495

500

505

---

495 esse amissum: *om. T* **497** est²: *om. T*

corporeal and not spiritual, or observing the Law according to the dead letter. Cf. Augustine, *Contra Faustum*, lib. 12, cap. 8: "Quis enim non agnoscat Christum ... reliquisse etiam matrem, synagogam Iudaeorum ue-teri testamento carnaliter inhaerentem, et adhaesisse uxori suae sanctae ecclesiae?"

    501 *laxa relatio:* a syntactical construction in which a relative pronoun (hence *relatio*) adopts the most generic sense of the noun to which it refers. Thus, the master here interprets the Gloss text (*uerbum uocis quod amiserat*) by observing a 'lax' relation between *uerbum* and its relative pronoun *quod*; thus, *uerbum* is said to designate Christ the Word specifically, while the rela-tive clause understands *uerbum* generically (*simpliciter*).

510   Vel ita, ut fiat discreta relatio ad Verbum quod est Dei Filius: QVOD VERBVM homo AMISERAT IN CONSONANTIBVS, id est in
primis parentibus consentientibus diabolo. Vel: CONSONANTIBVS,
id est in perditionem nostram consentientibus.

DENIQVE, ostendit quo ordine scripserit, CVM INTRASSET, id
515   est inchoasset, OPVS EVANGELII PERFECTI, id est iam perfecte a
Matheo traditi. Vel: PERFECTI, per effectum, ET A BAPTISMO DO-
MINI, id est a baptismo Iohannis, qui a Domino, PREDICARE, id
est euangelium texere. Vel ita: DENIQVE, id est post expositum
baptismum Iohannis. Et ita planum est quod sequitur.

520   NON LABORAVIT DICERE NATIVITATEM CARNIS, id est natiuitatem Christi secundum carnem, QVAM VIDERAT IN PRIORIBVS, id
est Matheo. Vel quia multi ante scripserant euangelia que auctoritatem habuerunt, sed in desuetudinem abierunt. SED TOTIVS
EXPRIMENS EXPOSITIONEM DESERTI, id est expresse exponens quo-
525   modo ductus Iesus in desertum a Spiritu, ET IEIVNIVM NVMERI, id

---

521–522 id est: ori. *add.* T

> **510** *discreta relatio:* a syntactical construction in which a relative pronoun
> specifies a discrete agent to the exclusion of other hypothetical referents. In
> Comestor's example (*ad Verbum, quod est Dei Filius*), the relative clause spec-
> ifies that the antecedent *uerbum* is to be understood in the limited sense (*dis-
> cretiue*) by which it signifies 'the Son of God.'
> **512** *primis parentibus consentientibus diabolo: i.e.* by tasting of the fruit of
> the Forbidden Tree presented to Eve by the Serpent, and thus introducing sin
> into the world. Cf. Gen. 3:1–6.
> **522–523** *quia multi ... abierunt:* At the beginning of Luke (Luc. 1:1–2),
> the evangelist states that many writers before him attempted to produce an ac-
> count of the Gospel. Some of these were lost or fell into disuse, and others
> were determined to be apocryphal. Cf. Ambrose, *Expositio euangelii secundum
> Lucam,* lib. 1, n. 1.
> **525** *in desertum a Spiritu:* Christ's temptation in the desert is detailed in
> Matt. 4:1–11 and Luc. 4:1–13.

est numerum ieiunii. Vel: IEIVNIVM NVMERI, id est quod pensandum est ex numero, quia magnum sacramentum in numero.
Vnde magis pensandum numerum quam parsimoniam Domini.
CONGREGATIONEM BESTIARVM, que in deserto conuenerunt
ad Christum. ET MINISTERIVM ANGELORVM uicto temptatore
Christo ministrantium. VT INSTITVENS, quasi antipophora est,
quasi diceret aliquis: 'cur non cetera a Matheo exposita premittit ut natiuitatem?' Et est summa: ideo non pretermittit omnia a
Matheo premissa, et supplet quedam pretermissa, ne Matheo
uideretur detrahere ab eo dicta penitus silendo, et ut opus suum
perficeret propria addendo, quia opus suum semiplenum esset,
nisi de propriis adderet. Et hoc est: VT INSTITVENS NOS AD IN-
TELLIGENDVM euangelium Mathei, SINGVLA eorum que dixerat
Matheus, NON OMNIA IN BREVI CONPINGENS, id est sub quadam
breuitate perstringens, NEC AVCTORITATEM DEMERET REI FACTE,
id est a Matheo tractate, ab eo dicta penitus silendo; et rursus,
NON NEGARET PLENITVDINEM OPERIS PERFICIENDI, propria
addendo.

530

535

540

528 parsimoniam: sparsimonia *T*   532–533 premittit: pretermittit *T*
533 ideo: id *T* | pretermittit: pretermittunt *T*   535 suum: penitus *add. et
del. T*

528 *magis pensandum numerum quam parsimoniam Domini:* an impersonal gerund construed with an accusative object: 'One should consider the
number more than the Lord's austerity.'
530–531 ANGELORVM *uicto temptatore Christo ministrantium:* the participle (*ministrantium*) picks up on the lemma and takes the dative object
(*Christo*), between which an ablative absolute appears (*uicto temptatore*).
531 *antipophora:* 'anthypophora,' a rhetorical figure by which an antici-
pated objection is refuted.
535 *ab eo dicta penitus silendo:* 'by completely passing over in silence the
things said by him [*i.e.* Matthew].'

DENIQVE. Redit ad eius commendationem, et precipue in hu-
545 militate, quia ex humilitate adeo abhorruit pondus sacerdotii
considerans gradus altitudinem, casus grauitatem, ut sibi pollicem absciderit, ne promoueretur in sacerdotem. Et hoc est:
DENIQVE, id est tandem conuersus ad fidem. Vel: DENIQVE, id est
'ut demum exprimam eius humilitatem,' dicit Ieronimus.
550 REPROBVS, quia iuxta canones ad sacros ordines non promouen-
tur qui mutilati aliquorum membrorum perfectione priuantur.
Potest tamen contra hoc dispensari, ut in isto.

Vnde sequitur: SED TANTVM CONSENTIENS FIDEI PREDESTI-
NATA POTVIT ELECTIO, id est tantum potuerunt hec duo simul,
555 /90rb/ scilicet fratrum fidelium electio et eterna Dei predesti-
natio, VT NEC SIC, id est per membrorum mutilationem,
PERDERET IN OPERE VERBI, predicandi, QVOD MERVERAT IN
GENERE, id est quod merito generis ei congruebat, et uere non
amisit.

560 NAM ALEXANDRIE EPISCOPVS primus, CVIVS OPVS, id est
propositum, FVIT SCIRE DICTA EVANGELII PER SINGVLA, id est intelligere ueritatem singulorum dictorum. Repete 'dicta' ita, ut in
repetitione habeat uim participii hoc modo: ET DICTA, id est intellecta, DISPONERE IN SE, secundum ea mores suos informare, ET
565 DISCIPLINAM LEGIS, spiritualiter intellige, IN SE, id est in uita sua,
COGNOSCERE, id est obseruare, ET DIVINAM IN CARNE INTELLIGERE
NATVRAM, id est intelligere duas naturas in Christo.

---

555 et: id est *T*   566 DIVINAM: proprii *ut uid. T*

549 *dicit Ieronimus:* Comestor here rather winsomely impersonates
Jerome by simulating the Church Father's rationale behind his use of the adverb *denique.*
550–552 *iuxta canones ... ut in isto:* Gratian, *Decretum,* d. 55, c. 6–11 (217–
218); cf. Lev. 21:17–21.

Q̣VE VOLVMVS, id est uelle debemus, PRIMVM REQVIRI IN NOS, a nobis ipsis. Vel: REQVIRI, id est requirere, DEHINC VOLVMVS, id est uelle debemus, INQVISITA AGNOSCI, ab aliis per nos, ut *qui* 570 *audit dicat 'ueni.'* NOS, dico, HABENTES, si aliis optime predicauerimus, MERCEDEM, aureolam scilicet, que debetur predicatoribus, EXHORTATIONIS, tantum cure scilicet, non curationis, quia solus Deus curat. Et uere QVONIAM QVI PLANTAT, id est predicat, ET QVI RIGAT, id est baptizat, VNVM SVNT, id est in hoc 575 indifferentes sunt, quod neuter gratiam prestat, sed uterque ministrat.

568 debemus: inquisita agnosci *add. et del.* T   576 uterque: utraque T

570–571 *ut qui audit dicat 'ueni'*: Comestor here evokes Apoc. 22:17, where all of the faithful who have heard the Gospel cry out for Christ's return.

572–573 MERCEDEM ... *predicatoribus*: all of the elect will receive their due reward (*mercedem*) in the heavenly kingdom in accordance with their works: a golden crown (*aureolam*) awaits those who preach the Gospel. Cf. Bede, *De tabernaculo*, lib. 1, cap. 6, PL 91: 409–410.

575–577 *in hoc ... ministrat*: 1 Cor. 3:7–10.

III. Glosae super Lucam glosatum

1. PROLOGVS

/**141ra**/ *Pedes eorum pedes recti et planta pedis eorum quasi planta pedis uituli*. Ezechiel uidit in spiritu quatuor animalia prefigurantia quatuor euangelistas: hominem, leonem, uitulum,

5 aquilam. Nec immerito per hec quatuor prefigurati sunt quatuor euangeliste, quoniam hec quatuor ceteris singulari preminent dignitate. Homo namque in ceteris animantibus unicum habet principatum. Leo inter feras regie dignitatis optinet primatum. Bos quasi princeps est iumentorum. Aquila rex est auium.

10 Et cum premisisset Ezechiel differentiam in faciebus, conuenientiam subintulit in pedibus dicens: *Pedes eorum pedes recti*. In faciebus ostenderat differentiam dicens: *Erant quatuor facies uni*.

4–5 hominem, leonem, uitulum, aquilam: homo leo uitulus aquila *T*   **7** dignitate: dinignitate *sic T*

    2–3 *Pedes ... uituli:* Ezek. 1:4–7.

    3 *uidit in spiritu:* Whether this phrase indicates a revelation given by the Holy Spirit (*i.e. in Spiritu sancto*) or simply an interior vision as opposed to a corporeal one, the master here emphasizes the prophetic character of the animals in Ezekiel's vision (*prefigurantia*).

    7–9 *Homo namque ... rex est auium:* cf. Peter Comestor, *Historia Deuteronomii*, cap. 16, PL 198:1257D.

    10–11 *differentiam ... conuenientiam:* logical terms that indicate the qualities distinguishing two species within the same genus (*differentia*) or causing them to be grouped together (*conuenientia*).

    11 *subintulit:* 'added' or 'insinuated.'

    12 *Erant ... uni:* Ezek. 1:6.

Sicut enim testatur Ieronimus super Marcum: "Christus fuit homo nascendo, leo resurgendo, uitulus moriendo, aquila ascendendo." Et quia singuli euangelistarum de his quatuor agunt quasi modo interscalari, ideo singule facies singulis quatuor animalium uidentur aptari. In pedibus nulla est differentia, quia omnes habent pedes rectos, omnes habent pedes uitulinos.

Et attende quia loquitur Ezechiel quasi per antithesim dicens: *Pedes eorum pedes recti.* Viderat enim et audierat Iacob claudicantem, id est legem ad terrena suis promissionibus incuruantem. Claudicauit enim lex promittendo terrena, claudicauit populus legis sperando terrena. Etsi enim lex celestia promitteret, tamen non directe sed latenter et sub uelamine figurarum. Sic claudicauit lex in promittendo, populum claudicare fecit in expectando, quia nec recta fuit promissio nec recta expectatio. Euangeliste in neutro claudicant, immo recte incedunt. Euangelium enim prima fronte regnum celorum promittit et idem sperare facit. Vnde:

15

20

25

---

22 promittendo terrena: *om.* T

13–15 *"Christus fuit ... ascendendo": Glossa ordinaria in Marc.,* proth. 3, 'Marcus euangelista Dei.'

16 *modo interscalari:* 'in the manner of the rungs of a ladder.'

19 *per antithesim:* 'antithesis,' a rhetorical device used to generate contrast between two concepts. The evangelists represented by the four creatures in Ezekiel's vision with 'straight feet' (*pedes recti*) are presented in contrast to the Jewish people, who were crippled (*claudicant*) by their observance of the Old Law (*lex*).

20–21 *Iacob claudicantem:* The master here refers to the story in Genesis (Gen. 32:24–32), which relates that the patriarch Jacob wrestled with an angel through the night and emerged from their combat limping.

24 *sub uelamine figurarum:* Peter Lombard, *Magna glosatura in Psalmos*, Ps. 118:6, PL 191:1111B; cf. 2 Cor. 3:12–18.

27–28 *prima fronte:* 'from the outset.'

Beati pauperes spiritu, quoniam ipsorum est regnum celorum. Sic
30   neque in promissione claudicat neque in spe. Vnde bene dicuntur pedes euangelistarum 'pedes recti.' Vnde: *Quam speciosi pedes*
euangelizantium pacem, euangelizantium bona. Lex quidem nunti-
auit pacem futuram. Euangelium nuntiat pacem iam factam, iam
per mediatorem inter Deum et homines reformatam. Vnde an-
35   nuntiatio talis antonomasice dicta est 'euangelium.'
        Sequitur: *Et planta pedis eorum quasi planta pedis uituli.* Nos-
tis, inquit, in ungula uitulini pedis esse fissuram. Per ungulam
ergo pedis uituli in duas partes fissam intelligite personam Christi
in duas naturas diuisam. Omnes autem euangeliste de his duabus
40   naturis agunt. Vnde partim describunt miracula per que deitas
in eo euidenter monstratur, partim defectus nostros per quos
uerus homo probatur. Omnibus ergo congruit fissura pedis ui-

37 ungulam: ungulas *T*

29 *Beati ... celorum:* Matt. 5:3; Luc. 6:20.
31–32 *Quam speciosi ... bona:* Rom. 10:15.
35 *antonomasice: antonomasia* is the substitution of an epithet for a personal name. Cf. Matt., § 1, 56.
36–37 *Nostis, inquit:* 'You know, as [the master] says...' As elsewhere, *in-*
quit is a signpost of orality left by the student-reporter.
38–39 *personam Christi ... diuisam:* The medieval Catholic doctrine of the
hypostatic union rests largely upon the doctrinal promulgations of the Council of Ephesus (431) and the Council of Chalcedon (451), which together es-
tablished that the two natures of Christ (divine and human) coexist perfectly
within one person (the Son of God, the second person of the Trinity).
41–42 *partim defectus ... homo probatur:* The *defectus* through which
Christ is proved to be 'true man' (*uerus homo*) are understood as the natural,
physical appetites that indicate a state of lack or deficiency (hunger, thirst,
weariness, etc.), or as the state of physical suffering (*passibilitas*) with which
God is said not to be afflicted.
42 *Omnibus:* supply 'euangelistis.'

tuli, quia omnes agunt de duplici natura. Et cum pedes uituli omnibus congruant, specialiter tamen per formam uituli prefiguratus est Lucas, quia a sacerdotio incipit, et uitulus est hostia sac-   45
erdotalis.

Potest etiam assignari alia causa, scilicet quia specialiter ei
congruit fissura pedis uituli, quia Lucas opus suum distinxit in
duo uolumina que etiam sibi continuauit. In altero, id est in
euangelio, expressit humanitatem; in altero, id est in Actibus   50
apostolorum, expressit diuinitatem, ibi enim ponit quedam argumenta diuinitatis. Agit enim de resurrectione, ascensione et
missione sancti Spiritus. Et hoc ultimum fuit argumentum
/141rb/ speciale diuinitatis. Cetera poterant sustinere calump-
niam. Quia, si resurrexit, potuerunt calumpniari dicentes quia   55
discipuli furati fuerunt corpus; si ascendit, et Simon magus uisus

45 *a sacerdotio incipit:* The *sacerdotium* in question is, as we later learn,
the priesthood of Zachariah, with which Luke begins the narrative of his
Gospel.

45–46 *uitulus ... sacerdotalis:* Ambrose, *Expositio euangelii secundum
Lucam*, prol., 119–122.

48–49 *distinxit in duo uolumina:* Luke is the author both of his Gospel
and of the Acts of the Apostles, which were oftentimes considered two halves
of a single work ('Luke-Acts'). The phrase *que etiam sibi continuauit* ('which
he also joined together') recalls the opening lines of Acts ("Primum quidem
sermonem feci de omnibus, O Theophile, quae coepit Iesus facere et docere ..."),
which set about to 'continue' the narrative tract of Luke's Gospel.

53 *hoc ultimum:* 'this latter,' namely the *missio sancti Spiritus*.

54 *Cetera:* supply 'argumenta.'

55–56 *dicentes ... corpus:* cf. Matt. 27:62–66.

56 *et:* here, the contracted form of *etiam* ('also').

56–57 *Simon magus ... ascendisse:* According to the Acts of the Apostles,
Simon Magus was a Samaritan magician whose dubious conversion to Chris-
tianity resulted in a confrontation with Simon Peter (Acts 8:9–24). Early patristic authors depict him as the founder of Gnosticism. Detailed accounts of

est ascendisse. Sed contra missionem sancti Spiritus nichil poterant calumpniari: hoc enim non posset facere nisi Deus.

    Ibi etiam quedam ad sacerdotium pertinentia dicit, scilicet
60 quomodo apostoli septem diaconibus manus imposuerunt, quomodo Mathiam substituerunt. Hec est ergo precipua causa quare
forma uituli specialiter Luce attribuitur, scilicet hec quasi bifida
operis distinctio que per fissuram uitulini pedis exprimitur. Hinc
est quod, cum de prefiguratione aliorum trium uarie sentiant, in
65 hoc tamen omnes conueniunt quod Lucas prefiguratus est per
uitulum, tam in Ezechielis uisione quam in Iohannis reuelatione.

    De aliis uero tribus auctores dissentiunt. Nam Ieronimus
dicit quod per hominem Matheus, per leonem Marcus, per uitulum Lucas, per aquilam Iohannes exprimitur. Cui sententie at-
70 testatur ille uersificator egregius dicens:

    "Hoc Matheus agens hominem generaliter implet" et cetera.
Legite, inquit, Iuuencum, qui similiter fuit uersificator euangelicus, et inuenietis quod per aquilam prefiguratus est Marcus, per
leonem Iohannes. Ait enim:

---

63 distinctio: distinctioni *T*   71 et cetera: *om. T*

Simon Magus' volatile antics are not recorded in Acts, but apocryphal works
(*e.g.* the Acts of Peter) characterize him as a malevolent sorcerer who uses
magic to levitate and fly.

    58 *non posset facere nisi Deus:* understand *esset.* The implicit subject is
Christ, whose divinity Luke sought to prove in his Gospel.

    59 *Ibi:* that is, *in Actibus apostolorum,* as above.

    60–61 *quomodo apostoli ... substituerunt:* The master alludes to the eleven
remaining apostles' election of Mathias to replace Judas, and their subsequent
ordination of seven deacons. Cf. Act. 1:12–26 and 6:1–15.

    66 *in Ezechielis uisione:* Ezek. 1:4–7. • *in Iohannis reuelatione:* Apoc. 4:7.

    67–69 *Nam Ieronimus ... exprimitur:* Jerome, *Commentarii in euangelium
Matthaei,* praef., 77.

    71 *"Hoc ... implet":* Sedulius, *Carmen paschale* 1.355.

"Marcus amat terras inter celumque uolare   75
Iohannes fremit ore leo similis rugienti."
Augustinus quoque dicit Matheum prefiguratum esse per
leonem, quia computat genealogiam in qua ostendit quomodo
Christus descenderit de regia tribu, qui fuit *leo de tribu Iuda.* Ecce
dissentiunt in aliis tribus. In Luca autem omnes conueniunt.   80
    Fuit autem Lucas iste natione Sirus, patria Antiochenus, arte
medicus, Pauli discipulus in sacro eloquio et eiusdem filius in
baptismo. Scripsit autem euangelium in Achaia, et fuit hec causa
scribendi: Iudei fabulatores multas fabulas in Achaia seminauerant ex diuersis genealogiis ortas, et sic quantum ad histo-   85
riam uarios introduxerant errores.

75–76 *"Marcus amat ... rugienti":* Juvencus, *Euangeliorum libri IV,* praef.,
ll. 3 and 7.

77–78 *Augustinus ... per leonem:* Augustine, *De consensu euangelistarum,*
lib. 1, cap. 6, n. 9.

79 *leo de tribu Iuda:* Apoc. 5:5.

81 *natione Sirus, patria Antiochenus:* a series of predicative adjectives with
an ablative of origin: 'Syriac by birth, Antiochene by his homeland.'

81–86 *Fuit autem Lucas ... introduxerant errores:* For this entire paragraph,
the master is paraphrasing from *Glossa ordinaria* in Luc., prol. 'Monarchianus'
(see below, § 2).

82 *sacro eloquio:* 'sacred eloquence,' generally synonymous with *scriptura*
or *sacra pagina* ('Holy Scripture'), here refers specifically to the Gospel, that
is, the preaching of Jesus Christ. Cf. Rom. 16:25.

82–83 *Pauli ... in baptismo:* Traditionally, the author of Luke's Gospel is
taken to be the physician named Luke mentioned in Col. 4:14 as a disciple of
Paul and said to have been baptized by the same apostle.

84–86 *Iudei ... introduxerant errores:* The master here evokes the "fabulis
et genealogiis interminatis" to which St. Paul alludes in 1 Tim. 1, 4. These erroneous teachings are associated with unwritten Rabbinical traditions popular during the time of the apostles. Cf. *Glossa ordinaria* in 1 Tim., marg. ad
1:4.

Et quia Lucas peritus erat in notitia historiarum (erat enim
mirabilis historiographus), uoluit tradere eis euangelicam historiam et errores, quos pseudoeuangeliste seminauerant, extirpare.
90 Preualuit enim ceteris in historia. Vnde etiam quedam ab aliis
dicta correxit, quedam etiam pretermissa suppleuit. Vnde etiam
ei dati sunt Actus apostolici.

Materia Luce sunt septem illa sigilla, que nemo poterat
aperire nisi leo de tribu Iuda. Hec autem sunt incarnatio, mors,
95 descensus ad inferos, resurrectio, ascensio, Spiritus sancti missio, ultimum secundus aduentus. Vel commodius potest eius materia assignari utraque Christi natura.

Intentio est monere, ut Christum Deum et hominem
credamus. Intentionem, inquit, et finem omnium euangelis-

---

89 pseudoeuangeliste: pseudo *T*

87–89 *Et quia ... extirpare:* Thus begins the Vulgate text of Luke's Gospel:
"Quoniam quidem multi conati sunt ordinare narrationem ..." Comestor will
later point out the significance of the phrase *conati sunt* by explicating a Gloss
passage that clarifies that *conati* here implies 'tried, but failed.'

90 *Preualuit ... in historia:* Unlike the other canonical Gospels, Luke's account explicitly fashions itself according to the classical tradition of Greek
historiography. Not only does Luke's preface place the text within the genre
of history-writing (Luc. 1:1–3: "ordinare narrationem ... ex ordine tibi
scribere"), but the evangelist also punctuates the dramatic course of his
Gospel with historical signposts. Jerome introduced the importance of Luke's
status as the 'historian-evangelist' to the Latin tradition when he translated
Origen's homilies on Luke into Latin.

92 *ei dati sunt Actus apostolici:* understand 'ad scribendum,' following
Comestor's gloss below, § 2, 278.

94 *leo de tribu Iuda:* Apoc. 5:5.

97 *utraque Christi natura:* This is the subject of the verbal construction
(*potest assignari*), to which *materia* stands in apposition.

tarum breuiter aperit Iohannes in fine euangelii sui dicens: *Hec*   100
autem scripta sunt, ut credatis quoniam Iesus est Filius Dei. Ecce intentio omnium euangelistarum: *Et ut credentes uitam eternam*
habeatis. Ecce finis omnium.

Modus agendi talis est: primo premittit prologum operi suo,
in quo redolet Grecam eloquentiam. Prophete quasi titulos pre-   105
ponunt, ut *Visio Ysaie.* Hoc est quod non faciunt alii. Postea incipit a conceptione et natiuitate precursoris. Postea agit de conceptione et natiuitate saluatoris. Deinceps agit de predicatione et
miraculis eius. Deinde agit de passione /**141va**/ et resurrectione.
Postea de ascensione. Ad ultimum terminat euangelium in gau-   110
dio apostolorum expectantium Spiritus sancti aduentum.

2. Glosae svper prologvm Ieronimi *

Lvcas et cetera. Euangelio Luce premittit Ieronimus prologum
in quo ostendit quis fuerit auctor huius euangelii et ubi scripserit
euangelium. Commendat autem auctorem operis in tribus.   115
Commendat enim ab officio, a conuictu, a uirtute. Ab officio et
ante fidem et post. Ante fidem enim fuit arte medicus, post fidem

---

100–103 *Hec autem ... habeatis:* Ioh. 20:31.

103 *finis:* here in the philosophical sense, the 'final cause' or 'telos,' that is, the ultimate reason.

105 *redolet Grecam eloquentiam:* cf. Jerome, *Prologus in libris Salomonis,* 17–18.

106 *Visio Ysaie:* Owing to the lack of a finite verb in the initial verse of certain prophetic books of the Hebrew Scriptures (cf. Is. 1:1), medieval commentators understood the incipit as a sort of title. ♦ *Hoc est ... alii:* As stated above, Luke's Gospel alone contains a prologue modelled on the standards and tropes of Greek historiography.

110–111 *Ad ultimum ... aduentum:* cf. Zachary of Besançon, *Vnum ex quattuor,* praef., PL 186:19AB.

117 *fuit arte medicus:* This assertion is based on Col. 4:14: "Salutat uos Lucas medicus carissimus."

euangelista, ut qui fuerat medicus corporum fieret medicus ani-
marum. A conuictu, quia diu fuit in consortio apostolorum et
120   tandem secutus est Paulum usque ad martirium. A uirtute, quia
continens fuit uxore et liberis carens.

Sed quoniam alii ante ipsum scripserant euangelia, ne forte
superflua uideretur eius traditio, subdit causam quare post alios
scripserit euangelium. Est autem triplex causa: scripsit ad or-
125   dinem, ad cautelam, ad completionem. Ad ordinem, id est ut seriatim disponeret que alii minus ordinate dixerant. Ad cautelam
Grecorum inter quos uiuebat, erant enim Achaici seducti fabulis Iudeorum in tantum, ut putarent sola legalia sine fide media-
toris ad salutem posse sufficere. Ideo tradidit eis euangelicam
130   historiam, ne fabulis hereticorum peruerterentur. Ad completionem, quia uidit quedam ab aliis inchoata sed non bene con-
summata.

Sed quia rursus ipse uidetur confundere et ordinem rei et ordinem temporis – computat enim genealogiam ascendendo, in
135   quo uidetur confundere ordinem rei, cum genealogie descendendo soleant computari, et temporis, quia genealogiam Christi
computat post baptismum – ideo subdit causas Ieronimus quare
texuerit historiam ascendendo et quare post baptismum. Hoc

119–120 *diu fuit … ad martirium:* cf. 2 Tim. 4:11.

123 *traditio:* in this context, 'record' or 'account.'

127–129 *erant enim … posse sufficere:* Peter Lombard, *Sententiae,* lib. 3,
d. 25, cap. 1, n. 2.

133–138 *Sed quia … post baptismum:* Comestor points out that Luke's genealogy changes the sequence of the genealogical progression (*ordinem rei*)
by beginning with Christ and proceeding backwards to God, and that he
changes the sequence of the Gospel narrative (*ordinem temporis*) by inserting
the genealogy after depicting Christ's baptism (Luc. 3:1–22) instead of at the
beginning of his account.

enim pro significatione fecit, ut per hoc mistice significaret quia
baptizatis datur facultas ascendendi in celum per Christum.   140

Ait itaque: Lvcas, supple uerbum substantiuum 'fuit,' Sirvs
natione et Antiochensis, supple 'patria,' arte medicvs. Hic
commendat ab officio ante fidem. Discipvlvs apostolorvm.
Hic commendat a conuictu, et intellige 'Petri et Pauli' per excellentiam. Eos enim antonomasice 'apostolos' intelligere con-   145
sueuimus, ut cum dicitur: 'disposuimus uisitare limina apostolorum.'

Postea Pavlvm secvtvs vsqve ad confessionem, id est
usque ad martirium quod pro confessione nominis Christi susti-
nuit. Vel: vsqve ad confessionem eivs, id est eius fidem et con-   150
fessionem per omnia imitando. Serviens Domino sine crimine,
id est sine culpa notabili, et hoc probat subdens: nam neqve et
cetera. Et commendat a uirtute. Septvaginta qvatvor an-
norvm, supple 'ens.'

Qvi, cvm et cetera. Hic ostendit ubi scripserit euangelium: 155
per Mathevm in Ivdea, supple 'Hebraice,' per Marcvm in
Italia, supple 'Latine,' scripsit hoc evangelivm in partibvs

---

140 per Christum: *om.* T

> **141** *substantiuum:* in this sense, a word related to *esse* (*i.e.* a verb of being).
> **145** *antonomasice:* see again Matt., § 1, 56 and above, § 1, 35.
> **146–147** *disposuimus ... apostolorum:* From the time of Gregory the Great,
> it became customary for bishops to make an annual visit to the tombs of Peter
> and Paul in Rome, to which they would simply refer as the *limina apostolo-*
> *rum.* Cf. Gratian, *Decretum*, d. 93, c. 4.
> **149–150** *ad martirium ... sustinuit:* The New Testament recounts the
> death neither of Peter nor of Paul, though the traditions that describe Paul's
> decapitation and Peter's crucifixion are traceable to writings from the early
> second century.

ACHAIE ET BOETIE, quasi scripsit euangelium in Grecia Grece, INSTIGANTE SPIRITV SANCTO, ergo non superflue. SIGNIFICANS –
160 IPSE, dico, SIGNIFICANS – IN PRINCIPIO, id est in proemio suo ad differentiam huius, quod non est suum sed Ieronimi. Illud est enim proemium Luce, istud non est proemium Luce sed in Lucam. ALIA, aliorum euangelistarum, ESSE SCRIPTA, non solum Mathei et Marci, sed et quorundam pseudoeuangelistarum quos
165 in proemio suo tangit, ANTE, supple 'quam scriberet.'

CVI. Subdit causas quare scripserit, ne superflue uideretur scripsisse post alios. Et CVI, scilicet Luce, EXTRA EA QVE EVAN-GELICE DISPOSITIONIS ORDO EXPOSCIT, id est preter eam causam, que est ut euangelicam ordinaret historiam, EA MAXIME LABORIS
170 FVIT CAVSA, id est ea fuit maxima et necessaria causa sui laboris, VT HVMANITAS CHRISTI DEI VENTVRI OMNI PROPHETATIONE, id est de quo omnibus modis prophetatum erat quod uenturus esset IN CARNEM, non tunc 'uenturi' quando Lu-/**141vb**/-cas predixit, ESSET MANIFESTATA, id est ut Christi humanitatem
175 aperiret GRECIS, et PRIMVM, id est maxime, FIDELIBVS. Pro fidelibus enim solummodo uel maxime scripsit illud.

160 IPSE, *dico*, SIGNIFICANS: a magisterial interjection that clearly betrays the oral origin of the *Glosae*. Comestor, here realizing that the lemma that he had just read aloud (*significans*) is ambiguous in the abstract, subsequently thinks to reproduce the subject as it is later made explicit in the Gloss text (*ipse*), before returning to the original course of his exposition. Thus: "Signifying – Luke himself, I mean, signifying – in the beginning ..."

160–161 *ad differentiam huius*: 'to distinguish it from this [*i.e.* the prologue].'

164–165 *sed et ... suo tangit*: Luc. 1:1–2.

173 *non tunc 'uenturi'*: Comestor preserves the case of *uenturi* as it appeared in the previous lemma (*ut humanitas Christi Dei uenturi*), where a nominative might be expected within the syntax of his current exposition.

173–174 *quando Lucas predixit*: cf. Luc. 21:25–36.

Vel: PRIMVM ESSET MANIFESTATA, id est adprime, id est solide
et perfecte. Vel: PRIMVM GRECIS ESSET per Lucam MANIFESTATA
quam aliis per eum, id est per eius scriptum. Scripsit enim Grece.
Postea ostendit quare uoluit eis manifestare subdens: VT ELABO-   180
RARET, id est labore suo hoc efficeret, NE ipsi fideles Greci AT-
TENTI IVDAICIS FABVLIS SOLO LEGIS DESIDERIO TENERENTVR, id est
crederent sola legalia ad salutem posse sufficere, quod eis pre-
dicabant pseudoeuangeliste, et NE EXCIDERENT A VERITATE – illi,
dico, SEDVCTI HERETICIS FABVLIS uel STVLTIS SOLLICITATIONIBVS.   185
Inculcatio est uerborum.

DEHINC. Ecce tertia causa quare scripsit euangelium, scilicet
ad completionem, ut que ab aliis minus dicta fuerant suppleret.
Et hoc est: DEHINC, ideo scripsit, VT PRESVMPTA, id est premissa,
NATIVITATE IOHANNIS IN PRINCIPIO EVANGELII INDICARET CVI, id   190
est ad honorem cuius, SCRIBERET EVANGELIVM, scilicet Christi.
Per hoc enim quod in principio euangelii sui agit de natiuitate
precursoris Christi, id est Iohannis, qui erat eius uox et preco,
ostendit se ad honorem Christi scribere. Et INDICARET IN QVO,
id est ad quid, id est ad quod opus, esset ELECTVS, scilicet ad   195
euangelizandum uerbo et scripto. Alia littera habet 'electis,' et
legitur ita: VT INDICARET ELECTIS CVI, id est ad honorem cuius,
SCRIBERET EVANGELIVM (hoc non mutatur), et INDICARET IN QVO,

184 pseudoeuangeliste: pseudo *T*   195 ELECTVS: electum *T*   198 SCRIBERET:
scrip. *T*

178–179 PRIMVM ... *quam:* 'earlier . . . than.' Note that the referent of *aliis*
is GRECIS.
186 *Inculcatio est uerborum:* entrenchment of knowledge through repetition. Comestor means to point out the didactic intention behind Jerome's
seeming redundancy (*hereticis fabulis* and *stultis sollicitationibus*).
193 *uox et preco:* cf. Matt. 3:3; Marc. 1:3; Luc. 3:4; Ioh. 1:23.

id est ad quid, SCRIBERET, scilicet ut que ab aliis pretermissa fu-
200 erant compleret.

CONTESTANS. Vide quia ab hoc loco 'dehinc' usque 'contestans' quasi interpositio est, nec est de tertia causa quam incipit
assignare, ubi dicit: CONTESTANS IN SE ESSE COMPLETA. Et hoc
contestatur in prologo suo dicens: *Quoniam multi conati sunt* et
205 cetera. Et nota quia non ait 'a se,' sed 'in se.' Non enim attribuit
sibi, sed Deo. Vnde non ait completa a se, sed a Deo in se.

CVI IDEO. Ecce quia dixerat Lucam ideo scripsisse, ut euangelicam historiam ordinaret. Ipse autem uidetur ordinem confundere, quia genealogiam Christi retrograde computat ascen-
210 dendo a Ioseph usque ad Deum. Ideo subdit causam Ieronimus

---

199 SCRIBERET: scribit *T*

202 *interpositio:* here, 'a parenthetical statement.'

204 *Quoniam multi conati sunt:* Luc. 1:1.

207 The unnamed subject of the pluperfect verb *dixerat* would seem to
be Jerome, although it could possibly refer to the author of the preceding *prologus*, who alone made explicit reference to an *euangelica historia* (§ 1, 88–
89). If the latter is true, then this may be considered as further evidence that
the magisterial prologues with which Comestor's lecture courses begin were
originally composed by another master.

208–210 *Ipse autem … ad Deum:* In the following passage, Comestor describes the differences between the genealogies of Matthew and Luke. First,
whereas Matthew's Gospel commences with the genealogy of Jesus, Luke
places the genealogy after his account of Christ's baptism. Second, Matthew
recalls Christ's ancestry 'downwards' in the conventional manner (*cum genealogie descendendo soleant computari*), beginning in the past with Abraham
and recalling his descendants down to Jesus. Luke, however, begins in a 'backwards' fashion (*retrograde*), starting with Christ's putative father Joseph and

quare hoc faciat, scilicet pro misterio. Ideo enim genealogiam
Christi computat post baptismum ascendendo, ut per hoc mistice significaret quia post baptismum datur facultas ascendendi
ad Deum per Christum. Et hoc est: CVI, scilicet Luce, IDEO PER-
MISSA EST POTESTAS, supple 'incipiendi,' A PERFECTIONE GENERA-   215
TIONIS FILII DEI, id est a perfecta generatione Filii Dei, id est
quam perfecte describit. 'Incipiendi,' inquam, POST BAPTISMVM.

GENERATIONIS, dico, IMPLETE, id est consummate, IN
CHRISTO, quia ultra Christum non protenditur series genealogie, quia Christus neminem genuit secundum carnem; usque ad   220
Christum uero filii succedunt patribus in genealogia. Et REPE-
TENDE, quasi permissa est ei potestas incipiendi post baptismum
et ita mutare ordinem temporis et etiam permissum est ei genealogiam ascendendo computare et sic ordinem rei mutare. Et
hoc est: PERMISSA EST ei POTESTAS GENERATIONIS REPETENDE, id   225
est reuoluende, id est ordine prepostero narrande. Et bene ait
'repetende,' quia Matheus genealogiam texuerat recto ordine et
iste repetiit, id est retrograde petiit.

REPETENDE, inquam, A PRINCIPIO HVMANE NATIVITATIS, id est
retrograde incipiende a Ioseph, qui putabatur principium hu-   230
mane natiuitatis IN CHRISTO, quia putabatur pater eius. Vel:
REPETENDE A PRINCIPIO, id est usque ad principium, quia ascen-

then 'ascending' up the genealogical ladder backwards in time to Adam, the
first man, who "was of God" (Luc. 3:38); *genealogiam ... ad Deum:* Luc. 3:23–
38.

211 *pro misterio:* that is, 'for the sake of the mystery' or 'spiritual meaning.'

221–222 REPETENDE: gerundive referring back to *generationis* in the preceding lemma.

231 *quia putabatur pater eius:* cf. Matt. 13:55; Marc. 6:42; Ioh. 6:42.

dit a Ioseph usque ad Deum, qui est primum principium. Vnde in fine genealogie: *Qui fuit Dei.* Vel: REPETENDE A PRINCIPIO, id est
235 a Deo. Quamuis enim non inchoet genealogiam a Deo, quia non computat /**142ra**/ descendendo, tamen ex hoc ipso, quod ascendit a Ioseph usque ad Deum et ibi terminat, ostendit genealogiam deductam a Deo.

VT REQVIRENTIBVS, quasi 'ideo inchoat post baptismum et
240 computat ascendendo,' VT DEMONSTRARET REQVIRENTIBVS, id est scire uolentibus, IN QVO, id est per quem, ipse Lucas et quilibet alius ERAT APPREHENDENS, id est poterat apprehendere Deum, scilicet per Christum, a quo in genealogia ascenditur usque ad Deum. Et est summa: ideo genealogiam Christi computat as-
245 cendendo incipiens post baptismum, ut per hoc mistice significaret quia baptizati per Christum ascendunt ad Deum, sicut in genealogia a Christo est ascensus ad Deum.

INTROITV GENERATIONIS INDISPARABILIS DEI, id est Filii Dei, qui est Deus indisparabilis, id est Deus par Patri. GENERATIONIS,
250 dico, RECVRRENTIS, id est retrograde procedentis IN DEVM; ADMISSO, id est deducto, PER NATHAN. Vel: ADMISSO IN DEVM, id est misso usque ad Deum, et hoc per Nathan.

Vide quia Matheus et Lucas conueniunt in patribus ab Abraham usque ad Dauid. Deinde dissentiunt, quia Matheus texuit

---

234 *Qui fuit Dei:* Luc. 3:38.

248 INDISPARABILIS: 'inadmitting of inequality,' 'incapable of allowing disparity,' *i.e.* in every way equal.

250–251 ADMISSO: This participle forms an ablative absolute with the *introitu* of the preceding lemma.

253–254 *Matheus et Lucas ... ad Dauid:* cf. Matt. 1:1–17 and Luc. 3:23–38.

254–258 *Deinde ... adoptauit Nathan:* 1 Par. 3:1–4 states that Nathan was one of the sons of David, not of David's brother Shimeah (*Samaa*). Of course, the Davidic Nathan should not be confused with the prophet Nathan, who is

genealogiam a Dauid per Salomonem, Lucas a Dauid per Nathan 255
filium eius adoptiuum. Legitur enim quod mortuo Samaa fratre
Dauid, cuius filius fuit Nathan, Iesse pater Dauid adoptauit
nepotem. Item mortuo Iesse Dauid adoptauit Nathan. Hoc
quoque non uacat a misterio, quod genealogiam computat ascendendo per Nathan ad Dauid, et sic usque ad Deum. Sed per 260
hoc mistice te instruit quia potes ascendere ad Deum per Nathan
et Dauid, id est per opera prophete, si pro modulo tuo imiteris ea
et per humilitatem in qua preminuit Dauid.

VT PREDICANS, illud idem quod dixerat aliquantulum aper-
tius explicat, quasi 'ideo permissa est predicta potestas,' VT PRE- 265
DICANS HOMINIBVS CHRISTVM. CHRISTVM, dico, SVVM, quantum ad
predicationem, quia eius fidem predicat et seruat. Vel potes ita
transponere: VT PREDICANS HOMINIBVS CHRISTVM ESSE SVVM, id
est proprium et unicum Filium INDISPARABILIS DEI, id est Patris,
FACERET, id est ostenderet fieri, OPVS PERFECTI HOMINIS, id est 270
hominem qui est opus perfectum, id est in finali operum con-
summatione conditum, REDIRE IN SE, id est ad statum perfectio-
nis sue, PER FILIVM, supple 'Dei,' QVI, scilicet Lucas, PREBEBAT

---

256 Samaa: Samalia *T*

frequently numbered among the *dramatis personae* throughout the story of
King David. Comestor's exegesis here appears rather muddled, in part because he seems to be following the account of Rabanus Maurus, who adhered
to a tradition that reportedly originated "among the Hebrews" (*apud Heb-
raeos*), according to which Nathan, the son of Shimeah (David's brother),
was identical to Nathan the prophet, whom Jesse had adopted and raised as
his own son, giving him the new name 'Jonathan.' Cf. Rabanus Maurus, *Commentaria in libros II Paralipomenon*, lib. 1, cap. 2, PL 109:292A; Peter
Comestor, *Historia II Regum*, cap. 7, PL 198:1329B.

256–258 *Legitur ... nepotem:* cf. 1 Par. 2:1–3 and 3:1–5.

263 *per humilitatem ... Dauid:* cf. Peter Lombard, *Sententiae*, lib. 3, d. 36,
cap. 2, n. 2.

ITER IN CHRISTO, id est ostendebat preberi et parari iter per
275 Christum, et quibus VENIENTIBVS ad Deum PER DAVID, id est per
humilitatem.
CVI. Subdit ad commendationem Luce quod dati sunt ei ad
scribendum Actus apostolici, et NON IMMERITO, quia bene de-
scripserat euangelicam historiam, IN MINISTERIO, id est ut esset
280 minister huius operis, VT DEO IN DEVM PLENO, quasi 'ideo data
est ei potestas describendi Actus apostolorum,' VT DEO, id est
Christo, ostenso esse PLENO IN DEVM, id est esse plenum Deum,
id est exposita Christi ascensione, per quam euidenter innotuit
plenus Deus, et FILIO PRODITIONIS EXTINCTO, id est exposita
285 morte Iude, NVMERVS DOMINICE ELECTIONIS IMPLERETVR, id est
ostenderet quomodo numerus apostolorum, qui a Domino electi
sunt duodecim, completus est substituto Mathia, qui fuerat imminutus in Iuda.
IMPLERETVR, inquam, SORTE primo FACTA ORATIONE AB APOS-
290 TOLIS. Elegerunt enim duos, scilicet Ioseph qui cognominatus
est Barsabas et Mathiam, deinde sorte proiecta omnes prostrati
sunt ad orationem, *et cecidit sors super Mathiam.* Et SIC, executis
omnibus istis, scilicet exposita ascensione, morte Iude, substitu-
tione Mathie et reliquis, PAVLVS DARET CONSVMMATIONEM APOS-
295 TOLICIS ACTIBVS, id est liber Actuum apostolorum terminaretur

287 fuerat: *om. T*   290 enim: *om. T*

283 *Christi ascensione:* Luc. 24:50–53.
285 *morte Iude:* Act. 1:18–19.
286–288 *quomodo numerus ... imminutus in Iuda:* After the original number of the disciples (twelve) was diminished by the death of Judas Iscariot
(*imminutus in Iuda*), the remaining apostles rectified this loss by casting lots
(*proiecta sorte*) to elect a successor to the apostolate. Cf. Act. 1:12–26.
287 *qui:* supply 'numerus.'
292 *et cecidit ... Mathiam:* Act. 1:26.

in Paulo, scilicet in predicatione eius Rome, quia Dominus eum tandem post multas ecclesie persecutiones consummauit in bono.

QVOD, id est quare Deus uoluerit destitui Iudam /142rb/ et substitui Mathiam, ETSI, id est quamuis, FVERAT VTILE EXPEDIRI A 300
NOBIS PER SINGVLA, id est sigillatim, LEGENTIBVS AC REQVIRENTIBVS, id est hoc scire uolentibus, TAMEN ego SCIENS QVOD OPORTET AGRICOLAM OPERANTEM, id est quemlibet pro instructione aliorum laborantem, EDERE DE SVIS FRVCTIBVS, id est de labore suo fructum percipere, quod fit cum auditores ex eius doc- 305
trina proficiunt.

VITAVIMVS PVBLICAM CVRIOSITATEM, id est superfluam uerborum multiplicitatem uel ostentationem. Et exquisite dictum est 'publicam curiositatem.' Hoc est enim in quo omnes publice, id est communiter, maxime sunt curiosi, scilicet ut uerba multi- 310
plicent et inculcent, ut ex agmine uerborum uideantur scientes. NE, pro 'ut si hoc faceremus,' NON VIDEREMVR DEMONSTRARE, id est Dei notitiam tradere, VOLENTIBVS DEVM, supple 'uidere,' id est uolentibus ad Dei uisionem peruenire et querentibus que prosunt ad salutem, TAM, id est intantum, QVAM, id est inquan- 315
tum uideremur satisfacere (tales enim superfluo ornatu gaudent), PRODESSE FASTIDIENTIBVS, id est mala et inutilia querentibus, non que sunt ad edificationem. Alia littera habet 'prodidisse,' et tunc non est ibi 'demonstrare.'

296 *predicatione eius Rome:* cf. Act. 28:14–31. • *Rome:* locative.

296–298 *Dominus eum ... consummauit in bono:* 'The Lord ... perfected [Paul] in righteousness,' following his persecution of the Church. Cf. Act. 8–9.

311 *ut ex agmine ... scientes:* see the Latin translation of Plato's description of the sophists, which will be repeated by Abelard in reference to the pseudo-dialecticians: Plato (sec. trans. Calcidii), *Timaeus,* pars I, 19E; cf. Peter Abelard, *Theologia christiana,* lib. 3, cap. 4, 34.

IV. Glosae super Iohannem glosatum

1. PROLOGVS

/**216ra**/ *Omnia poma noua et uetera seruaui tibi, dilecte mi.* Solet
sacra scriptura pomorum nomine censeri, quia quarto tempore,
id est quarta etate, esibilis facta est, id est in auctoritate recepta
est. Habes enim in Leuitico quia Dominus fructus arborum, que
5   de nouo fuerant plantate, tribus annis abici precepit tamquam
preputia Egipti, id est quasi quedam immunda. Fructus autem
quarti anni fuerunt esibiles. Sicut ergo Dominus fructus in tribus
annis productos abici precepit, sic scripturas in tribus primariis
10 etatibus editas nemo in auctoritate recepit, et ita abiecta sunt
quasi immunda quecumque in tribus etatibus scripta sunt, scilicet ab Adam usque ad Noe, a Noe usque ad Abraham, ab Abraham usque ad Moysen. Et sicut fructus quarti anni et deinceps esibiles fuerunt, sic scripture quarte etatis et sequentium fuerunt
15 autentice et refectionem prestiterunt. *Omnia* ergo *poma noua et*

2 *Omnia ... mi:* Cant. 7:13.

2–3 *Solet ... censeri:* cf. *Glossa ordinaria* in Cant., marg. ad 7:13.

5–8 *Habes ... esibiles:* Lev. 19:23–25.

6–7 *tamquam preputia Egipti:* According to the Old Covenant, the fore-
skin was to be regarded as a sign of uncleanness, befitting only the gentiles.
Thus, God commanded Joshua to circumcise all Jewish males who came out
of Egypt. Cf. Ios. 5:2–5.

9–13 *sic scripturas ... ad Moysen:* cf. Gregory, *Homiliae in euangelia*, lib. 1,
hom. 19, n. 1.

13–15 *Et sicut fructus ... prestiterunt:* Following the fivefold scheme of sacred history proposed by Gregory the Great, the first three ages stood before

uetera reseruat ecclesia Christo, id est omnem scripturam noui et
ueteris testamenti refert ad Christum. Quecumque enim scripta
sunt tam in ueteri quam in nouo testamento uel ad Christum
spectant uel dicta sunt de Christo.

Scriptura autem utriusque testamenti per poma elegantius   20
designatur, quia poma et odore alliciunt et gustu reficiunt. Quorum alterum congruit ueteri testamento, alterum congruit nouo.
Vetus namque testamentum odore promissionum allicit, nouum
earumdem impletione reficit. In ueteri namque testamento facta
est multiplex et odora promissio, sed impletio promissorum facta   25
est in euangelio. Vetus testamentum promittebat sed non red-
debat, et sic alliciebat rudes. Euangelium promissa reddit. Vnde
euangelium ueteri testamento in tribus antecellit, scilicet in reuelatione figurarum, in impletione promissorum, in magnitudine
premiorum.   30

Ad insinuandam hanc triplicem euangelii preminentiam tria
facit ecclesia, cum legitur euangelium. Ad ostendendum enim
quia per euangelium facta est figurarum reuelatio audit euangelium capite reuelato. Ad ostendendum quod in euangelio facta
est promissorum impletio audit euangelium cum silentio, acsi   35
ipso silentio dicat: 'iam optineo promissa.' Solent enim pueri

---

18 ad: *om. T*   **24** reficit: replet *T*   **33/34–38** euangelium[1,2,3]: eum[1,2,3] *T*

---

the promulgation of the Law, and thus could not provide any means for salvation. Like the fruits of the trees from the fourth year mentioned in Leviti-
cus, sanctified for the nourishment of the Jewish people, so the Scriptures
beginning with Moses in the fourth age (*i.e.* the Old and New Testament)
were a source of authority and sustenance for the Christian faithful.

32–34 *Ad ostendendum ... reuelato:* John Beleth, *Summa de ecclesiasticis officiis*, cap. 39H–I.

silere postquam tenent petita. Ad ostendendam celsitudinem premiorum terminat euangelium uoce eleuata: *Plenum gratie et ueritatis,* cum lectiones ueteris instrumenti terminentur uoce re-
40 missa: *Dicit Dominus omnipotens,* ad insinuandum quia in ueteri testamento infima sunt promissa. Terminatur ergo euangelium uoce eleuata, uetus testamentum uoce remissa, acsi dicatur: 'ibi promittebantur terrena, hic superna.'

Et sicut euangelium omnibus ueteris instrumenti paginis
45 multiplici /**216rb**/ preminet excellentia, sic ceteris euangelii scriptoribus preminet Iohannes euangelista. Et potest preminentia eius ad alios in tribus notari. Primo in eo quod per aquilam prefiguratus est in Ezechielis reuelatione. Vidit enim Ezechiel quatuor animalia in figura quatuor euangelistarum et, cum
50 premisisset de tribus, addidit de quarto: *Et erat quartum animal simile aquile uolanti desuper illorum quatuor,* in quo significatum

---

44 sicut: sed *T*

37–41 *Ad ostendendam ... sunt promissa:* The master here describes contemporary liturgical practices associated with readings from the Gospel and the Old Testament respectively. Whereas Mass would conclude with the recitation of the prologue of John's Gospel, whose final verse (*plenum gratiae et ueritatis,* Ioh. 1:14) was chanted with the lifting of the voice (*uoce eleuata*), readings from the Prophets, concluded by a venerable phrase from the Old Testament (*dicit Dominus omnipotens*), were terminated with a lowered voice (*uoce remissa*).

39 *instrumentum:* lit. 'a legal document.' A patristic synonym for the Old Testament.

44–55 *Et sicut ... contemplatur:* a paraphrase of the *Glossa ordinaria* in Ioh., proth. 1, 'Omnibus diuine scripture' (*ex* Anselm of Laon, *Glosae super Iohannem,* proth. 4, 31–44); *Et erat ... quatuor:* cf. Apoc. 4:7; Ezek. 1:10.

est quia Iohannes super alios uolaret, id est ad describendam
Christi deitatem super alios quasi sublimi uolatu ascenderet. Et
sicut aquila irreuerberatis luminibus solem in rota intuetur, sic
Iohannes irreuerberata mentis acie deitatem contemplatur.   55

In eo quoque eius preminentia notatur, quod a Domino im-
positum est ei nomen *Boanerges*, quod sonat 'filius tonitrui,' quia
theologie altitudinem ceteris altius intonuit usque adeo, ut ait
Augustinus, quod "si paulo altius intonasset, nemo eius uocem
capere posset." In eo quoque eius preminentia potest notari,   60
quod supra pectus Domini recubuit in cena et de fonte dominici
pectoris hausit archana deitatis plenius quam alii. Et hoc quoque
in tribus potest notari, scilicet quod plenius hauserit quam alii,
primo in arduitate materie. Ceteri namque euangeliste tamquam
gressibilia animalia cum Domino gradientes in terra multa de   65

---

54 irreuerberatis: reuerberatis *T*   62–63 Et hoc ... quam alii: *om. ob. hom. T*

52–53 *Iohannes super ... ascenderet:* cf. *Glossa ordinaria* in Ioh., marg. ad
1:6, 'Postquam sublimi uolatu.'

54 *sicut aquila ... intuetur:* The ancients believed that the eagle was the
only creature that could fix its eyes upon the sun with undaunted eyes (*irreuerberatis luminibus*). Cf. Isidore, *Etymologiae*, lib. 12, cap. 7, n. 10–11.

57 *Boanerges:* In Marc. 3:17, Christ names the two sons of Zebedee (the
disciples John and James) *Boanerges*, which means 'sons of thunder.'

58 *theologie ... intonuit:* cf. *Glossa ordinaria* in Ioh., marg. ad 1:6, 'Postquam
sublimi uolatu.'

59–60 *"si paulo ... posset":* cf. Ps. Augustine (Belgicus), *Sermones*, sermo
223, 59; John Beleth, *Summa de ecclesiasticis officiis*, cap. 70F.

61 *supra pectus ... in cena:* cf. Ioh. 13:23.

62 *archana deitatis:* cf. *Glossa ordinaria* in Ioh., marg. ad 1:51, 'Quod dictum est Nathanaeli.'

64–67 *Ceteri ... multa dixit:* cf. *Glossa ordinaria* in Ioh., proth. 1, 'Omnibus
diuine scripture.'

65 *gressibilia:* 'walking,' or 'earth-bound.'

Christi humanitate dixerunt, de deitate pauca tetigerunt. Ipse
solus de deitate multa dixit. Secundo in eo quod uerba illa diffuse posita in euangelio, quibus ecclesia de fide Trinitatis et uni-
tatis instruitur, breuiter et commode exposuit. Tertio in eo quod
70 ceteri euangeliste de miraculis quidem, sed de uerbis Domini
pauca collegerant, et precipue in eo quod sermonem habitum ad
discipulos in cena, quem pro sui profunditate alii intactum reli-
querant, ipse aggressus est exponere.

Causa autem quare euangelium scripserit fuit hec: post as-
75 censionem Domini Iohannes sine omni amminiculo scribendi
LXV annis euangelium predicauit in Asya ad eruditionem ecclesie sue, cuius erat metropolitanus. Postea a nequissimo impera-
tore Domitiano in Pathmos insulam in exilium relegatus est, ubi
Apocalipsim suam primo uidit et scripsit. Mortuo autem Domi-
80 tiano Nerua permittente /216va/ de exilio rediit Ephesum, non
quod Nerua intuitu benignitatis eum liberauerit, cum nec forte
de eo mentionem audierit, sed quia tante nequitie fuerat Domi-

---

76 LXV: LXVI *T*   80 Nerua: misericordia *T*

67–68 *uerba illa diffuse posita:* that is, 'the testimonies dispersed widely'
throughout the Gospels attesting to the mystery of the Trinity, which John
masterfully elaborates.

71–72 *sermonem ... in cena:* Christ's final discourse to his apostles at the
Last Supper (Ioh. 14–16) is exclusive to John's Gospel.

74–90 *Causa autem ... in nuptiis:* For this entire paragraph, the master is
paraphrasing from the *Glossa ordinaria* in Ioh., proth. 1, 'Omnibus diuine
scripture.'

75 *sine omni amminiculo scribendi:* that is, from memory, without the support of writing.

77 *metropolitanus:* a 'metropolitan bishop,' whose ecclesiastical see has
been designated as the head of a province, and who exercises jurisdiction over
the suffragan bishops (*suffraganei episcopi*) of that province.

tianus, ut quecumque fecerat Nerua ex senatus consulto in irritum reuocaret. Vnde et hoc inter alia reuocatum est in irritum.
Cum autem redisset Ephesum, a suffraganeis rogatus episcopis   85
euangelium scripsit, tum quia multe hereses in ecclesia sua
emerserant, tum quia legens aliorum euangelia et ueritatem dictorum approbans inuenit quia multa pretermiserant, illa scilicet
que fecit Christus ante incarcerationem Iohannis et precipue primum miraculum quod fecit in nuptiis. Fuit itaque duplex causa,   90
scilicet confutatio hereticorum, suppletio minus dictorum.

　　Materia Iohannis sunt deitas et humanitas Christi, uel melius
materia eius est ipse Christus. Intentio est hereses eliminare,
minus dicta supplere. Modus agendi talis est: primo agit de co-
eternitate Verbi cum Patre. Postea descendit ad creationem rerum   95
ostendens contra hereticos Filium esse creatorem omnium, ibi:
Omnia per ipsum facta sunt. Postea descendit ad incarnationem
Verbi, ibi: *Et Verbum.* Postea agit de precursore, ibi: *Fuit homo.*

84 *hoc inter alia reuocatum est in irritum:* 'this [act] among others was rendered void.' The emperor Nerva had many of the official acts that had been
imposed during the reign of his cruel predecessor Domitian revoked.

　　86–87 *hereses ... emerserant:* Two heresies had arisen in the time of John
(those of Cerinthus and the Ebionites) that denied the Virgin Birth, for the
refutation of which the evangelist produced his Gospel. Cf. Jerome, *Commentarii in euangelium Matthei,* praef., 26–50.

　　88–90 *illa scilicet ... in nuptiis:* The master here refers to the brief period
of Christ's public ministry preceding the imprisonment of John the Baptist,
most notably the Lord's first miracle at the Wedding at Cana, which is
recorded exclusively in John's Gospel.

　　96 *ostendens contra hereticos ... omnium:* Later in this lecture course,
Comestor asserts that John foresaw and refuted two heretics who denied that
Christ was the Creator of all things: namely, Nestorius and Arius.

　　97 *Omnia ... sunt:* Ioh. 1:3.

　　98 *Et Verbum:* Ioh. 1:14. • *Fuit homo:* Ioh. 1:6.

Postea agit de baptismo Iohannis. Postea ponit miraculum quod
100 fecit in nuptiis. Postea breuiter ponit quedam miracula, que alii
posuerant diffuse. Postea precipue immoratur in sermone, quem
Dominus fecit in cena. Postea transit ad passionem. Tandem in
uita actiua et contemplatiua terminat euangelium.

2. NOTVLA DE ORDINE LEGENDI
105 Nota quod Augustinus, qui precipue exposuit Iohannem, fecit
introitum qui sic incipit: "Omnibus diuine scripture paginis." Sed
magister ad introitum Augustini quodammodo preparauit ingressum, ut commodior esset accessus. Et uide quia introitus Au-

---

102 Dominus: *om. T*

103 *uita actiua et contemplatiua:* Considered the two fundamental expressions of the Christian economy, the active and contemplative life – con-
sisting in the public exercise of virtue and contemplative prayer, respectively
– were traditionally associated with Christ's final words to Peter and John at
the end of the latter's Gospel. Cf. Augustine, *In Iohannis euangelium Tractatus*, tract. 124, n. 5–7; idem, *De consensu euangelistarum*, lib. 1, cap. 4, n. 7–8.

105–106 *fecit introitum ... scripture paginis:* The 'introduction' (*introitus*)
that circulated as a preface in the John Gloss, here ascribed by Comestor to
Augustine, was in fact composed by Anselm of Laon (cf. *Glosae super Iohannem*, proth. 4).

106–108 *Sed magister ... preparauit ingressum:* The *ingressus* is an introductory exposition of a text. When Comestor alludes to 'the Master's *ingressus* to the *introitus* of Augustine,' he is, in fact, describing the magisterial
prologue which immediately precedes these comments (§ 1). Scholars have
understood 'the Master' who composed this prologue to be Peter Lombard,
to whom Comestor consistently refers with the simple title *magister*.

108 *accessus:* a scholastic term for the general introduction to an authoritative text. The term could here be understood in its non-technical sense, to
signify 'approach' or 'access.'

108–113 *Et uide ... legemus prologum:* Comestor here explains that he will
lecture on the Gloss's prefatory materials (the so-called 'introitus Augustini'

gustini legendus esset ante prologum. Facimus tamen ordinem
preposterum, quod non propter aliud introductum est nisi quia   110
nimis modica esset lectio, si quis ante prologum legeret solum
introitum; nimis prolixa, si quis cum introitu legeret prologum.
Primo ergo legemus prologum.

3. GLOSAE SVPER PROLOGVM IERONIMI *

HIC EST IOHANNES et cetera. Premittit Ieronimus huic operi pro-   115
logum ad sequentis operis commendationem. Commendat
autem sequens opus a quatuor, scilicet ab auctore, a materia, a
loco, a tempore, et singula suis locis distinguentur in proximo.
Primo igitur commendat auctorem operis, et a quatuor, scilicet
a nomine, ab officio, a dignitate, a uirtute.   120

A nomine commendat ubi /**216vb**/ dicit 'Iohannes,' quia nominis interpretatio commendabilis est. HIC, scilicet qui scripsit
hoc euangelium, EST IOHANNES. Glosa: IOHANNES ... PENETRARE
ET INTIMARE, sicut iste penetrauit et intimauit. EVANGELISTA. Ecce
commendat ab officio, quia hoc nomen 'euangelista' ad hoc re-   125
strictum est, ut tantum euangeliste dicantur scriptores euangelii,
non doctores. Commendat itaque ab officio, quia tale officium

---

123 PENETRARE: pone. *T*

and 'prologus Ieronimi') in a logically inverted order, since lecturing (*legere*)
on the *introitus* by itself would be too short for a single lecture (*lectio*), while
glossing the two prefaces together in the proper sequence would be too long.

109 *prologum:* that is, the 'Monarchian' prologue (misattributed to
Jerome) that circulated in the John Gloss, beginning 'Hic est Iohannes.'

123–124 IOHANNES ... *penetrauit et intimauit: Glossa ordinaria* in Ioh.,
marg. ad prol.: "Iohannes interpretatur 'Dei gratia' siue 'in quo est gratia,' uel
'cui donatum est.' Cui autem theologorum donatum est ita abscondita summi
boni penetrare mysteria et sic humanis mentibus intimare."

commendabile est. VNVS EX DISCIPVLIS, scilicet ex duodecim quos elegit Dominus in monte. Ecce commendat a dignitate, quod 130 tante fuit dignitatis, ut eligeretur a Domino. QVI VIRGO. Ecce commendatio a uirtute, et potest legi dupliciter. Primo sic: QVI ELECTVS EST A DOMINO VIRGO, id est ut esset uirgo, quia, cum nubere proposuisset, reuocauit eum a proposito nubendi. Vel ita: QVI VIRGO, ut 'qui' et personam notet et causam, ELECTVS EST A 135 DOMINO. Supple 'ad scribendum euangelium.'

QVEM DE NVPTIIS. Idipsum adhuc est de commendatione Iohannis, licet minus sentientibus uideatur detrahere Iohanni et derogare eius dignitati. Nam si cedit ei ad gloriam, qui de malo uocatur ad bonum, ei cedit ad cumulum glorie, qui de bono uo- 140 catur ad maius bonum. Reuera bonum erat secundum legem nubere tempore Iohannis adeo ut qui non relinqueret semen super terram subiaceret maledicto legis. Melius tamen erat intuitu Dei seruare integritatem carnis. Et licet habuerit propositum nubendi, tamen uirginitatis uirtutem non amisit. Etsi enim

128–129 *quos ... in monte:* Marc. 3:13–14.

132–133 *cum ... proposito nubendi:* As Comestor will discuss at length below, John had the intention to marry (*propositum nubendi*) before Christ called him to the apostolic life.

134 *causam:* that is, the reason why John "was chosen by the Lord." The pronoun *qui* indicates this in virtue of its apposition with *uirgo*; accordingly, John was chosen for his purity.

138–140 *Nam si ... ad maius bonum:* loosely, "if it redounds to one's glory to be called from a bad state to a good one (*i.e.* conversion), how much nobler is it to be called from a good state (marriage) to a better one (*i.e.* the apostolic life)?"

141–142 *qui non ... maledicto legis:* Peter Lombard, *Sententiae*, lib. 4, d. 33, cap. 1, n. 2 (*ex* Origen, *In Genesim Homiliae*, hom. 11).

uouerit Deo uirginitatem, credibile est eum sub conditione 145
uouisse, scilicet nisi Deus aliter ei inspirasset, sicut et beata Virgo,
que munus uirginitatis prima obtulit Deo, sub conditione creditur obtulisse, scilicet nisi Spiritus sanctus ei aliter reuelaret.
Tradunt quidam quia nuptie ille, quibus Dominus interfuit
quando aquam in uinum conuertit, fuerunt Iohannis, et ab eis 150
Dominus eum reuocauit. Quod licet autenticum non sit, satis
esse potuit. | Ne uidearis aliquatenus obfuscare splendorem uir-
ginitatis in eo. Si dicatur eum uolentem nubere, id est ita in
proposito habentem, ne propositum nubendi uideatur derogare
uirginitati. Ita poteris exponere: VOLENTEM NVBERE, id est para- 155
tum obsequi legi, si forte legis precepto artaretur suscitare semen
defuncto fratri. Lex quidem stabat ex aduerso uirginibus; nul-

---

154 proposito: eum *add. T*

> **145** *sub conditione:* 'conditionally.'
> **146–148** *beata Virgo ... aliter reuelaret:* Peter Lombard, *Sententiae*, lib. 4,
> d. 30, cap. 2, n. 1.
> **149–151** *Tradunt quidam ... reuocauit:* cf. Bede, *Homeliarum euangelii libri II*, lib. 1, hom. 9, 62–65; Isidore, *De ortu et obitu patrum*, cap. 71, n. 4;
> Anon, *De ortu et obitu patriarcharum*, cap. 48, n. 1; *nuptie ... conuertit:* Ioh. 2:1–
> 11.
> **151** *autenticum:* This term encompasses the notion of both historical
> plausibility and of derivation from an authoritative source (*i.e.* the Scriptures
> or the Fathers). This word routinely occurs in Comestor's explanations of
> historical matters.
> **152–159** *Ne uidearis ... transgressor precepti:* This portion of text (ap-
> pearing in *T* as a delineated passage within the main column of text) is not
> original to Comestor's oral lectures, but represents a subsequent addition
> made to the text, either by Peter himself or one of his disciples; *si forte ... de-
> functo fratri:* cf. Gen. 38:8; Deut. 25:5.
> **157** *Lex quidem ... uirginibus:* cf. Arnold of Bonneval, *Libellus de laudibus
> beatae Mariae Virginis*, PL 189:1727.

latenus tamen desisteret timore maledicti, sed ne esset trans-
gressor precepti. | CVI VIRGINITATIS et cetera, QVOD PRE CETERIS,
160   id est familiarius quam ceteri, quod habuit prerogatiua uirginitatis. Ecce unum testimonium. ET HVIC. /**217ra**/ Ecce aliud testimonium quod uirgo fuerit.

    DENIQVE. Premissa est commendatio operis ab ipso auctore
operis; sequitur commendatio a materia. Est enim in hoc com-
165   mendabile opus, quia illud, quod erat magis arduum in materia
euangelice historie et pro sui arduitate ab aliis sub silentio preter-
missum, in hoc opere suppletur. Nec tantum pretermiserant alii
euangeliste quod in materia erat altius, uerum etiam quod fuit
tempore prius, scilicet miraculum mutationis aque in uinum.

170   Et hoc est: MANIFESTANS IN EVANGELIO QVOD, supple 'aliter,'
ERAT IPSE, id est per cuius animalis figuram prefiguratus erat
ipse, quia tractando quod altius erat. Vnde ostendit se in uisione Ezechielis merito sortitum formam aquile. Et intellige secundum Augustinum quia Iuuencus et Sedulius uoluerunt
175   Marcum prefiguratum esse per aquilam, Iohannem per leonem.
Vnde Iuuencus:

    158 *maledicti:* the curse under the Old Law mentioned above, which was
visited upon those who transgressed God's commandment to "be fruitful and
multiply" (Gen. 1:28). It was not because of fear of punishment that John
wished to be married, but because of his zeal for the divine law.

    160–161 *prerogatiua uirginitatis:* 'the privilege of virginity,' that is, a higher
dignity on account of his celibate state (being most perfectly united to that of
Christ).

    172 *tractando quod altius erat:* 'by treating of that which was loftier (*i.e.*
Christ's divine nature).' This comment relies on the lemma MANIFESTANS.

    173–175 *secundum Augustinum ... per leonem:* Augustine, *De consensu
euangelistarum,* lib. 1, c. 6, n. 9; cf. Sedulius, *Paschale Carmen* 1.355.

"Marcus amat terras inter celumque uolare,
Iohannes fremit ore leo similis rugienti."
Aliter: MANIFESTANS IN EVANGELIO QVOD ERAT IPSE, supple
'Christus,' quasi ostendens in euangelio suo quod Christus erat   180
Deus, id est agens de deitate Christi.

INCORRVPTIBILIS VERBI OPVS INCHOANS SOLVS, id est solus illa
quatuor ponens, que pertinent ad opus incorruptibilis Verbi, que
ponit Ambrosius in prologo quem facit communem quatuor
euangelistis, scilicet ostendens quando erat, ubi erat, quid erat, quid   185
agebat, quid adhuc agit. Quando erat, ubi ait: *In principio*. Vbi
erat, cum ait: *Apud Deum*. Quid erat, ubi ait: *Et Verbum erat Deus*.
Quid agebat, ubi ait: *Omnia per ipsum facta sunt*. Quid adhuc agit,
ubi ait: *Erat lux uera que illuminat omnem hominem*.

Et nota quia hic fit multiplex distinctio. Quidam enim hic   190
distingunt: OPVS INCORRVPTIBILIS VERBI INCHOANS, et postea ad-

177 uolare: uidere *T*

177–178 *"Marcus amat ... rugienti"*: Juvencus, *Euangeliorum libri IV*, praef.,
ll. 3 and 7.

182–183 *solus illa ... incorruptibilis Verbi*: John alone treats of these four
operations undertaken by Christ in his divine nature before the Incarnation.

183–186 *que ponit ... adhuc agit*: Ambrose, *Expositio euangelii secundum
Lucam*, lib. 2, n. 40, 554–563.

186–189 *In principio ... omnem hominem*: This series of clauses derives
from John's prologue, Ioh. 1:1–9.

190 *multiplex distinctio*: that is, multiple possible ways to distinguish (*i.e.*
punctuate) the text.

190–191 *Quidam ... distingunt*: Comestor again describes how other contemporary masters punctuated (*distinguere*) the text to arrive at an alternate
interpretation. The question-raising punctuation mentioned here (*adhuc
habet hoc uerbum questionem*) corresponds to a contemporary lecture course
on John's Gospel ('Huic euangelio') delivered by an anonymous master. Cf.
Paris, Bibliothèque Mazarine, MS 175, fol. 252ra.

dunt: SOLVS VERBVM CARNEM FACTVM ESSE OSTENDIT et determinat expresse. Sed forte adhuc habet hoc uerbum questionem.
Ideo ceteris omnibus distinctionibus omissis tene premissam et
195 habebis mentem auctoris et nullas in littera patieris angustias.
SOLVS, inquam, INCORRVPTIBILIS VERBI OPVS INCHOANS, supple
'tamen,' VERBVM CARNEM FACTVM ESSE TESTATVR, quasi licet specialiter agat de deitate, tamen addidit de humanitate. Alia littera
habet: VERBVM CARO FACTVM EST, et tunc supplebis 'quod,' NEC
200 LVMEN, id est Verbum incarnatum, A TENEBRIS, id est a tenebro-
sis, FVISSE COMPREHENSVM. Hoc suo loco diffusius explicabitur.
    PRIMVM SIGNVM. Ecce ostendit Iohannem supplesse quod
alii pretermiserant et erat in materia altius. Modo ostendit eum
supplesse quod alii pretermiserant et fuit tempore prius. Preter-
205 miserant enim primum omnium miraculorum. VT OSTENDENS,
scilicet illo signo, QVOD ERAT IPSE, ut referatur ad Iohannem, id

---

192 CARNEM: caro *T*   **195** nullas: nulla *T*   **197** CARNEM FACTVM: caro factum est *T*

192–193 OSTENDIT *et determinat expresse:* construe the dependent clause
with the lemma: thus, "[JOHN] REVEALS and expressly determines."

195 *habebis mentem ... patieris angustias:* If the students adhere to
Comestor's proposed punctuation, they "will grasp the author's intention and
encounter no tension at the literal level." The syntax followed by other masters requires that a certain amount of violence be done to the letter to achieve
the desired sense.

201 *Hoc suo loco diffusius explicabitur:* that is, Comestor will explain this interpretation more fully in its proper place, when treating the relevant biblical
lemma: *Lux in tenebris lucet et tenebrae eam non comprehenderunt* (Ioh. 1:4).

206–209 *ut referatur ... reuocatum:* In keeping with the popular legend
mentioned above, according to which John the Evangelist was himself the
bridegroom at the Wedding at Cana, Comestor interprets Christ's changing
of the water into wine as a spiritual figure of the supernatural change that oc-

est per mutationem aque in uinum factam insinuans se mutatum, id est a proposito nubendi ad uirginitatem reuocatum. /217rb/

Vel ita: VT OSTENDENS QVOD ERAT IPSE Christus, id est miracu-   210
losa illa mutatione ostendens Christum esse Deum, LEGENTIBVS
DEMONSTRARET, hoc scilicet quod sequitur: QVOD, id est quia,
VBI DOMINVS INVITATVS EST VINVM NVPTIARVM DEFICERE DEBEAT.
Hoc ad litteram, ut facias historiam significantem et quod sequitur facias rem significatam: VT ET VETERIBVS IMMVTATIS et   215
cetera. Vel ita, ut totum facias allegoriam hoc modo: QVOD VBI
DOMINVS INVITATVS EST, ad spirituales nuptias in mente uiri
iusti, VINVM NVPTIARVM, id est carnalis delectatio, DEFICERE DE-
BEAT, quia iocunditas nuptiarum est delectatio carnalis et am-
plexus uxoris.   220

Quod sequitur, ET VETERIBVS et cetera, inculcatio est. HOC
AVTEM EVANGELIVM SCRIPSIT IN ASYA. Commendauit opus ab
auctore, a materia; commendat a loco. Sed numquid commendabile est euangelium Iohannis, quia scriptum est in Asya? Est
utique, quia ibidem LXV annis predicauerat euangelium et plures   225
testes habuit, quia ibi scriptum ubi fuerat predicatum. Vel inde

---

213 VINVM NVPTIARVM: uinupt. *ut uid. T*   **215** VT ET: et id est *T*

curred in John's soul (from thirsting after the 'nuptial wine' of marital life to
the 'spiritual wine' of the apostolic life).

   214–215 *significans* ('the signifier') and *res significata* ('the thing signi-
fied') are terms proper to the burgeoning logical theory of Comestor's time.
Here, the master proposes the historical event (*historia*) of the miracle at
Cana as that which signifies Christ's renewal of all things (following the
lemma).

   221 *inculcatio* (elsewhere with *uerborum*): the reinforcement of knowledge through repetition.

commendabile est quod scriptum in Asya, quia scilicet scriptum est in cathedrali loco ad instruendos suffraganeos episcopos et concanonicos suos, quia erat archiepiscopus Ephesinus.

230 POSTEA QVAM IN PATHMOS. Ecce commendatio a tempore. Inde enim commendabile est opus, quia scriptum est a Iohanne postquam senuerat et post omnes reuelationes que leguntur in Apocalipsi. Vnde ipse se appellat senem in epistola canonica. APOCALIPSIM SCRIPSERAT, supple 'ubi dixerat in persona Christi:

235 *Ego sum alpha et omega,*' VT CVI IN PRINCIPIO CANONIS et cetera, quasi: 'ideo dixit in Apocalipsi Christum esse alpha et omega, quia congruum erat.' VT CVI, supple 'datum erat,' INCORRVPTIBILE PRINCIPIVM IN PRINCIPIO CANONIS, canonice scripture, que consistit in canone utriusque testamenti, id est in libro Geneseos,

240 ubi Christus secundum quandam expositionem dicitur 'principium,' ibi scilicet: *In principio creauit Deus celum et terram,* id est in Filio. Eidem REDDERETVR INCORRVPTIBILIS FINIS, id est ut Christus, qui in principio canonice scripture dictus erat 'principium,' diceretur et 'finis,' quia sicut ipse est principium omnium rerum

245 ita et finis, id est consummatio. DICENTE CHRISTO PER VIRGINEM, id est per Iohannem, IN APOCALIPSI: *EGO SVM ALPHA ET OMEGA.*

---

235 CVI: eta *T*

229 *concanonicos:* 'fellow canons,' that is, confreres in his religious community. ♦ *archiepiscopus Ephesinus:* Following one tradition, Comestor asserts that John was the archbishop of Ephesus. Since this is where he composed his Gospel, John is here said to have written *in cathedrali loco,* that is, the see where the bishop's *cathedra* resides. Cf. Ivo of Chartres, *Decretum,* d. 5, cap. 26, PL 161:331.

233 *ipse se ... canonica:* 2 Ioh. 1:1.

235 *Ego ... omega:* Apoc. 1:8.

241 *In principio ... terram:* Gen. 1:1.

ET HIC EST IOHANNES. Premissa multiplici commendatione operis redit ad commendationem auctoris, quem in principio proemii multipliciter commendauerat commendans opus ab auctore ipsius operis. Ergo /**217va**/ quem commendauerat circa principalia uite sue commendat circa finalia, quia non tantum commendabile est principium uite eius, uerum etiam commendibilis est exitus. Continuatio: HIC EST IOHANNES QVI VIRGO EST ELECTVS A DEO.

ET HIC EST IOHANNES et cetera. Nota historiam: cum immineret dies obitus Iohannis, Dominus uenit ad eum et determinauit ei diem. Et tradunt quidam quod obierit in sollempnitate paschali, quod siue fuerit siue non, certum est quia die dominica obiit. Die autem sibi a Domino prefinita mane celebrata missa conuocauit discipulos suos et concanonicos suos, et precepit eis ut prepararent ei locum sepulture, et ad eius mandatum preparatus est ei tumulus. Postea fecit eis sermonem de Christo probans uera esse omnia que dicta fuerant de Christo. Facto autem sermone uiuus intrauit tumulum coram eis. Et cum intraret, factus est circa tumulum inestimabilis fulgor per duas horas usque adeo reuerberans oculos circumstantium ut non possent tumulum uidere neque seipsos. Et postquam desiit fulgor ille, inuenerunt tumulum uacuum. Ideo credibile est translatum esse, quia nichil

250

255

260

265

---

260 et¹: *om.* T

255 *Nota historiam:* A variety of apocryphal accounts of John the Evangelist's miraculous death would have been known to Comestor, one popular example being: Ps. Abdias, *Virtutes Iohannis*, cap. 9. Certain elements of Comestor's narrative here also derive from more 'authentic' sources: cf. Bede, *Homeliarum euangelii libri II*, lib. 1, hom. 9, 137–143; Anon., *De ortu et obitu patriarcharum*, cap. 48, n. 2.

268–270 *Ideo credibile ... diffiniendum:* cf. Peter Damian, *Sermones*, sermo 64, 187–193.

268 *translatum esse:* understand 'in celum.'

de corpore eius habetur sicut nec de corpore beate Virginis. Hoc
tamen incertum est nec diffiniendum. Tradunt quidam eum
adhuc uiuere. Fit enim, ut aiunt quidam, scaturigo pulueris et
arene in tumuluo eius de eius anhelitu procedens. Sed non est
satis autenticum.

PER MVLTA SIGNORVM EXPERIMENTA PROMENS CHRISTVM, id
est manifestans uera esse que dicta erant de Christo. POSITVS EST
AD PATRES SVOS, id est iuxta, quasi 'appositus est patribus an-
tiquis,' id est associatus eis in regno Dei. TAM EXTRANEVS A DO-
LORE MORTIS, id est immunis, quia non gustauit dolorem mortis
secundum opinionem eorum qui tradunt eum adhuc uiuere,
QVAM A CORRVPTIONE CARNIS INVENITVR ALIENVS, quasi sicut
adhuc caro eius inuenitur incorrupta, ita adhuc immunis est a
dolore mortis. Vel quia ipse Christus mortis dolorem gustauit,
uerisimile est quod Iohannes mortis dolorem senserit; ideoque
sic melius potest exponi: TAM EXTRANEVS, id est immunis, A DO-
LORE MORTIS, id est martirio. Vnde Dominus de ipso in euangelio ait: *Sic eum uolo manere donec ueniam,* id est sine lesione mar-

270

275

280

285

284-285 DOLORE: dominio *T*

269-270 *Hoc tamen ... diffiniendum:* Because the historical circumstances
surrounding the fate of John's body are uncertain (*incertum*), it ought not to
be authoritatively defined (*nec diffiniendum*) that he was bodily assumed into
heaven, as was the Blessed Virgin.

270-272 *Tradunt ... procedens:* cf. Augustine, *In Iohannis euangelium
tractatus,* tract. 124, n. 2; Isidore, *De ortu et obitu patrum,* cap. 71, n. 4; Anon.,
De ortu et obitu patriarcharum, cap. 48, n. 4.

271 *scaturigo:* lit. 'a bubbling spring.' Here, 'a stirring up.'

281 *adhuc caro ... incorrupta:* The bodies of many saints were reported to
have been miraculously preserved from decay, in accordance with Ps. 15:10:
nec dabis sanctum tuum uidere corruptionem.

286 *Sic eum ... ueniam:* Ioh. 21:22.

tirii transire. Qvam a corrvptione carnis invenitvr alienvs, quia forte adhuc manet corpus eius incorruptum, quia non legitur caro eius corrupta. Vel quia uirgo /**217vb**/ permansit.

Tamen post omnes. Istud tamen eleganter continuatur, licet 290 minus sentienti non uideatur, et continuatur a longe retro, quasi Iohannes altiora, que pro sui profunditate alii subticuerant, edidit, et ita ceteris dignior fuit. Tamen post omnes scripsit evangelivm, in quo uidetur ei minus satisfactum et in aliquo dignitati eius derogatum. Nota diligenter quia obiectio est quod 295 aduersando dicitur: tamen post omnes scripsit evangelivm. Quod autem sequitur responsio est: et, id est etiam, hoc virgini debebatvr, id est debebatur hoc ei pro prerogatiua uirginitatis, quasi soluendo obiectionem dicat: 'ne mireris si ultimus scripsit, quia etiam in hoc dignitati eius satisfactum est in quo 300 uidetur derogatum, quia idipsum cessit ei ad cumulum honoris et prerogatiuam dignitatis quod ultimus scripsit tamquam corrector aliorum.'

---

291 continuatur: terminat *T*   **297–298** VIRGINI: uir *T*   **298** id est debebatur hoc: *om. ob hom. T*

291 *continuatur a longe retro:* 'resumes from far above.' Comestor points out the thematic continuity (*continuatio*) observed between these final clauses of the prologue and those at the beginning which asserted John's pre-eminence among the evangelists.

292 *subticere:* 'to pass over in silence.'

294–295 *satisfactum ... derogatum:* to be understood with the infinitive *esse*, implied by the impersonal *uidetur* ('it seems'). Hence, the fact that John wrote his Gospel last "seems to have done him less honour and to subtract in some way from his dignity."

296 *aduersando:* that is, 'adversatively,' *i.e.* with the use of *tamen.* Comestor here construes the gloss in a dialectical manner redolent of the classroom, suggesting that its grammatical structure first introduces an objection (*obiectio*) then proposes its resolution (*responsio*).

QVORVM TAMEN et cetera, quasi: 'dixi de Iohanne quod ulti-
305 mus scripsit; tamen non dicam de aliis quis prior uel quis pos-
terior scripserit.' Posset enim hoc querere aliquis. Ideo occurrit
dicens: DISPOSITIO TEMPORIS SCRIPTORVM QVORVM, id est quomodo scripta eorum fuerint tempore disposita, id est que alia
precesserint in tempore, VEL LIBRORVM ORDINATIO, id est quare
310 libri ita sint ordinati, ut iste sit primus, ille secundus, ille tertius.
IDEO PER SINGVLA A NOBIS NON EXPONITVR, id est ideo a nobis
subticetur. Supple 'extra,' ut sciendi desiderium collocetur.
Quando enim magister aliquid subticet et differt in posterum,
amplius excitat desideria auditorum. ET SCIENDI DESIDERIO COL-
315 LOCATO FRVCTVS, id est merces, LABORIS. FRVCTVS QVERENTIBVS,
id est ut pro diligentia querendi recipiant mercedem, ET DEO
SERVETVR DOCTRINA MAGISTERII, id est auctoritatis.

4. GLOSAE SVPER INTROITVM AVGVSTINI *
OMNIBVS et cetera. Hec glosa est introitus in Iohannem factus
320 ab Augustino, et est hec continentia glose. In prima parte est
commendatio euangelii, et in uno tantum prefertur aliis scripturis, scilicet in impletione promissorum, ibi: QVIA QVOD LEX et
cetera, cum extra dictum sit quia preminet in tribus, scilicet in

305 uel: *om. T* 308 eorum: *om. T* 315 FRVCTVS²: fer *T*

313–314 *Quando enim ... desideria auditorum:* With recourse to an image
of the classroom, Comestor likens Jerome to a master who excites the curios-
ity of his students by deferring his resolution of a question that he has raised.
323 *cum extra dictum sit:* 'although it was said *elsewhere*' (see above, § 1,
28–30). Here, the adverb *extra* serves both as a third-person reference to another text (lit. 'outside') and as an internal reference (Comestor is citing the initial prologue verbatim). In conjunction with Comestor's earlier comment (see
above, § 2, 106–108: "Sed magister ... preparauit ingressum"), this reference
suggests that the magisterial prologue that Comestor read to his class at the
beginning of his lecture course was in fact composed by one of his masters.

reuelatione figurarum, in impletione promissorum, in celsitu-
dine premiorum. Post commendationem euangelii sequitur   325
commendatio Iohannis quasi a simili, quia sicut euangelium ceteris paginis singulari quadam preminet excellentia, sic ceteris
euangelii scriptoribus preminet Iohannes euangelista: INTER
IPSOS AVTEM et cetera. Et preminentiam Iohannis ad alios notat
Augustinus in duobus: in eo scilicet quod per aquilam prefigu-   330
ratus est, et in eo quod supra pectus Domini recubuit in cena.
Notat etiam quia euangelium scripsit propter duo, scilicet ad munimentum et ad supplementum.

QVI A TEMPORE. Conueniens est causa que subditur, quod
fuerit ceteris excellentior in profunditate euangelii, scilicet quia   335
diutius predicauit euangelium sine auxilio scripture. Inde enim
patet quia omnia sciebat cordetenus. Est ergo probatio conueniens: puta aliquis uolens probare de aliquo magistro quod sit
perfectior ceteris in scientia dialectice; eleganter /218ra/ hoc
probabit si ostendet eum eam diutius legisse et eam totam corde-   340
tenus nosse. VSQVE AD VLTIMA TEMPORA DOMITIANI, id est usque

---

331 *supra pectus ... in cena:* Ioh. 13:23.

332–333 *ad munimentum et ad supplimentum:* 'for a fortification [*i.e.*
against heresies] and a supplement [*i.e.* to the other Gospel accounts].' These
two reasons for which John composed his Gospel – extrapolated from the
magisterial prologue above (§ 1, 90–91) – will serve as the theological scheme
according to which Comestor organizes his subsequent lectures on John.

337 *cordetenus* (adv.): 'by heart,' *i.e.* from memory.

338 *puta:* 'suppose,' 'take for example.' The imperative of the verb *putare,*
this form came to be used adverbially to introduce examples in the scholastic
setting.

338–341 *aliquis uolens ... cordetenus nosse:* John's pre-eminence among
the evangelists is here expressed in a scholastic image: viz., by appealing to
the student custom of quarrelling over the superiority of their masters.

ad eius mortem, CVM PERMITTENTE NERVA, generali permissione,
ut supra dictum est.

SCRIPSIT ADVERSVS HERETICOS. Hic ostendit quod scripserit
345 ad munimentum. VNDE, a longe retro continua, quasi Iohannes
inter ceteros excellit in profunditate diuinorum misteriorum.
VNDE, id est ad quod significandum. Et hic notat eum excellentiorem, quia prefiguratus est per aquilam. QVASI GRESSIBILIA et
cetera, id est merito sortiuntur figuras gressibilium. AD CELVM,
350 supple 'quasi.' QVI ENIM, quasi uere ceteris profundior. QVI ENIM
et cetera. Caue ne ad litteram intelligas quod recubuerit uel obdormierit supra pectus Domini. Sed cum Dominus diceret in
cena: *Vnus ex uobis me tradet,* Petrus non est ausus Dominum in-
terrogare quis esset, sed innuit Iohanni, qui erat collateralis
355 Domino tamquam uirgo uirgini, ut secreto quereret ab eo. Tunc
Iohannes inclinauit se ad Dominum, et inclinatus secreto inter-
rogauit eum, et Dominus secreto dixit ei: *Cui panem intinctum
porrexero hic me tradet.* Ergo huiusmodi inclinationem Iohannis
intellige recubitum de quo hic agitur, in quo ostendit Augusti-
360 nus eum ceteris excellentiorem.

---

342 NERVA: misericordia *T*   351–352 obdormierit: oddormierit *T*   358 inclinationem: inclinatione *T*

343 *ut supra dictum est:* see above, § 1, 79–84.
351–352 *Caue ne ... pectus Domini:* Another glimpse of Comestor's hu-
mour in the classroom; the master cautions his students against supposing
(following the letter of the gloss, *recubuit*) that the beloved disciple could not
keep awake for the duration of the Last Supper.
353 *Vnus ... tradet:* Ioh. 13:21.
357–358 *Cui ... me tradet:* Ioh. 13:26.

LEGERAT SIQVIDEM. Hic ostendit eum scripsisse ad supplementum, PRIMO TEMPORE, id est in principio. Vel distingue duo
tempora dominice predicationis, ut primum tempus sit a mutatione aque in uinum usque ad incarcerationem Iohannis, in quo
secreto predicauit paucis et discipulos collegit; secundum ab in-   365
carceratione Iohannis usque ad passionem. CIRCA ACTIVAM SVNT
VERSATI. Potest intelligi circa actiuam Christi, quia Christi acta in
humanitate prosecuti sunt, que possunt dici uita actiua Christi
respectu pertinentium ad deitatem; uel circa actiuam nostram,
quia "Christi actio nostra est instructio" et morum informatio,   370
quod ad actiuam pertinet. IN QVA LABORATVR, sicut et Christus
laborauit. Labor est enim in operibus misericordie exequendis.

    ET IN CONTEMPLATIVA VIRTVTE COMMENDANDA INTEN-
TIONEM TENVIT, id est circa pertinentia ad contemplatiuam specialiter eius intentio uersata est, id est circa deitatem. Attende   375
quod Augustinus in hoc introitu causam scribendi posuit, sed
materiam, intentionem, finem subticuit, quia ipse Iohannes circa
finem sui uoluminis hec tria paucis innuit dicens: *Hec autem
scripta sunt, ut credatis quia Iesus est Filius Dei.* Ecce notauit materiam, quia ipse Iesus est materia, et intentionem, quia hac in-   380

---

367 circa: circam *T*

    362–366 *Vel distingue duo ... ad passionem:* Two distinct periods in
Christ's preaching are here elaborated, the first of which (occurring before
the imprisonment of John the Baptist) was passed over in the three synoptic
Gospels. Cf. Bede, *In Lucae euangelium expositio,* lib. 1, cap. 3.
    370 *Christi ... informatio:* cf. Alan of Lille, *Summa de arte praedicatoria,*
cap. 1, PL 210:113C; Peter Lombard, *Magna glosatura in Psalmos,* Ps. 85:1, PL
191:799.
    378–382 *Hec autem ... nomine eius:* Ioh. 20:31.

tentione scripsit: *Vt crederent*. Finem uero innuit cum subdit: *Et credentes uitam habeatis in nomine eius.*

ISTE SIQVIDEM EST IOHANNES. Hec glosa est de commendatione Iohannis, QVEM DE FLVCTIVAGA NVPTIARVM TEMPESTATE, id
385   est de mole-/**218rb**/-stiis coniugii.

Appendix: *Glossa ordinaria*

I. Glosae super Matthaeum glosatum

2. *Glosae super prologum Ieronimi* (pp. 51–60)

Glossa ordinaria in Matt., prol. 'Monarchianus': "Mattheus ex
Iudea sicut in ordine primus ponitur, ita euangelium in Iudea
primus scripsit, cuius uocatio ad Deum ex publicanis actibus fuit.
Duorum in generatione Christi principia presumens, unius cuius
prima circumcisio in carne, alterius cuius secundum cor electio
fuit. Ex utrisque enim patribus Christus. Sicque quaterdenario
numero triformiter posito, principium a credenda fide in electionis tempus porrigens et ex electione usque in transmigrationis
diem dirigens, atque a transmigrationis die usque in Christum
diffiniens decursam aduentus Domini ostendit generationem, ut
et numero satisfaciens et tempori, et se quid esset ostenderet, et
Dei in se opus monstrans, etiam in his quorum genus posuit,
Christi operantis a principio testimonium non negaret. Quarum
rerum omnium tempus, ordo, numerus, dispositio uel ratio quod
fidei necessarium est. Deus Christus est, qui *factus est ex muliere,
factus sub lege*, natus ex uirgine, passus in carne, omnia in cruce
fixit ut, triumphans ea in semetipso, resurgens in corpore et Patris nomen in patribus Filio et filii nomen Patri restituens in filiis, sine principio, sine fine, ostendens se unum cum Patre esse,
quia unus est. In quo euangelio utile est desiderantibus Deum, sic
prima uel media uel perfecta cognoscere, ut et uocationem apostoli et opus euangelii et dilectionem Dei in carne nascentis per

uniuersa legentes intelligant atque id, in eo in quo apprehensi sunt et apprehendere expetunt, recognoscant. Nobis enim hoc in studio argumenti fuit et fidem facte rei tradere et operantis Dei intelligendam diligenter esse dispositionem querentibus non tacere."

3. *Glosae super introitum Ieronimi* (pp. 60–63)

Glossa ordinaria in Matt., proth. 4: "Matheus, cum primum predicasset euangelium in Iudea uolens transire ad gentes, primus euangelium scripsit Hebraice quod fratribus, a quibus ibat, ad memoriam reliquit. Sicut enim necesse fuit ad confirmationem fidei euangelium predicari sic et contra hereticos scribi. Cum autem plures euangelium scripserint, quattuor tantum auctoritatis habent testimonium, quia per quattuor mundi partes fidem nuntiant Trinitatis et sunt quasi quattuor rote in quadriga Domini, que uehit eum per predicationem euangelii et genus humanum quadrifida morte peremptum eorum erat predicatione uiuificandum. Vnde et aliorum euangelia deciderunt nec recepta sunt, quia Dominus nolebat prefinitum numerum cassari propter uirtutem sacramenti. Designantur etiam euangeliste quattuor figuris, que non sunt illusorie sed iocundi mysterii sibi conscie. Mattheus in homine intelligitur, quia circa humanitatem Christi principaliter immoratur, Marcus in leone, quia agit de resurrectione, Lucas in uitulo agens de sacerdotio, Iohannes in aquila scribens sacramenta diuinitatis. Christus uero quem describunt homo fuit de uirgine natus, uitulus in immolatione, leo in resurrectione, aquila in ascensione. Vel in homine humanitas, in uitulo sacerdotium, in leone regnum, in aquila exprimitur diuinitatis sacramentum."

II. Glosae super Marcum glosatum

2. *Glosae super glosam* I (pp. 72–79)

Glossa ordinaria in Marc., proth. 1: "Quattuor sunt qualitates de quibus sancta euangelia contexuntur: precepta, mandata, testimonia, exempla. In preceptis iustitia, in mandatis caritas, in testimoniis fides, in exemplis perfectio. Precepta huiusmodi: *In uiam gentium ne abieritis,* hoc est diuertere a malo. Mandata ut hoc: *Mandatum nouum do uobis, ut diligatis inuicem,* hoc est facere bonum et caritatem implere. Testimonia que in ore duorum uel trium testium, ut hoc: *Iohannes testimonium perhibet de me,* sed habeo *testimonium maius Iohanne: Est enim Pater qui testimonium perhibet de me.* Exempla ut hoc: *Discite a me, quia mitis sum et humilis corde,* et: *Estote perfecti sicut et Pater uester* et cetera. Et alibi: *Exemplum enim dedi uobis, ut et uos ita faciatis.* De his enim Dauid: *Preceptum Domini lucidum illuminans.* Historiam maxime precepta continent. Et alibi: *Latum mandatum tuum nimis,* quia: *Qui diligit proximum totam legem impleuit.* Item: *Testimonia tua intellexi,* et alibi: *Testimonium Domini fidele,* quia plus fide animi quam oculis carnis testimonium indiget. Quarto: *Iudicia Domini uera iustificata in semetipsa.* Vt sic scilicet sint iudiciorum nostrorum exempla iustificata, sicut in iudiciis Dei comparata habemus. Vnde idem alibi: *A iudiciis enim tuis timui.* In quo enim iudicio iudicauerimus iudicabitur de nobis. In his quattuor qualitatibus sunt timor, fides, spes, caritas. A timore namque incipimus, fide seruamus que incipimus, spe erigimur, caritate consummamur: *Finis enim precepti est caritas.* Hi sunt quattuor menses quos Christus ante messem predixit dicens: *Nonne quattuor menses sunt usque ad messem?* Vt et nos per precepta Domini atque mandata ac testimonia et exempla maturos post iudicium metamus fructus cum gaudio, qui in lacrimis timoris semina penitentie iactauimus, in terra nostros portantes caritatis manipulos cum gaudio metamus in celos."

3. *Glosae super glosam* II (pp. 79–82)

Glossa ordinaria in Marc., proth. 2: "Marcum pene intactum maiores nostri pretereunt, quia pene eadem que Mattheus narrat, licet quibusdam distinctis testimoniis, ut alterius ala alam alterius tangat animalis, et rota rotam eadem uia sequatur, et uersis ad inuicem uultibus sese animalia contueantur. In primo canone Marcus cum Mattheo Lucaque comitatur et Iohanne; in secundo cum Mattheo et Luca; in quarto cum Mattheo et Iohanne; in sexto canone comitatur semper cum Mattheo, ut duo annuli in uno uecte, id est in quadraginta nouem capitulis. In octauo canone cum Luca comitatur in tredecim capitulis. In propriis ueroque maxime utcumque explanare dispono, decem et octo incedit spatiatim capitulis, que simul omnia ducenta triginta tria sunt capitula."

4. *Glosae super glosam* III (pp. 82–84)

Glossa ordinaria in Marc., proth. 3: "Marcus euangelista Dei, Petri discipulus, Leuiticus genere et sacerdos, in Italia hoc scripsit euangelium; primus Alexandrie episcopus, cuius per singula opus euangelii dicta scire et in se disponere et disciplinam in se legis agnoscere et diuinam Domini in carne intelligere naturam. Qui seminat post Mattheum, qui fremit ut leo, qui uolat ut aquila, qui discernit ut homo, qui immolat ut sacerdos, qui irrigat ut flumen, qui florescit ut ager, qui feruet ut uinum. Christus enim, de quo loquitur, ut homo nascendo, uitulus moriendo, leo resurgendo, aquila ascendendo."

5. *Glosae super prologum Ieronimi* (pp. 84–95)

Glossa ordinaria in Marc., prol. 'Monarchianus': "Marcus euangelista Dei electus et Petri in baptismate filius atque in diuino sermone discipulus, sacerdotium in Israel agens, secundum carnem Leuita, conuersus ad fidem Christi, euangelium in Italia scripsit ostendens in eo quid et generi suo debeat et Christo. Nam initium principii in uoce prophetice exclamationis instituens ordinem Leuitice electionis ostendit, ut predicans predestinatum Iohannem filium Zachariae in uoce angeli annuntiantis emissum, non solum Verbum carnem factum sed et corpus Domini in omnia per uerbum diuine uocis animatum initio euangelice predicationis ostenderet, ut qui hec legens sciret cui initium carnis in Domino et Iesu aduenientis habitaculum caro deberet agnoscere atque in se uerbum uocis quod in consonantibus amiserat inueniret. Denique cum intrasset perfecti euangelii opus et a baptismo Domini predicare Deum inchoans, non laborauit natiuitatem carnis, quam in prioribus uiderat, dicere, sed totius exprimens expositionem deserti, ieiunium numeri, temptationem diaboli, congregationem bestiarum et ministerium protulit angelorum, ut instituens nos ad intellegendum singula in breui conpingens nec auctoritatem facte rei demeret et perficiendi operis plenitudinem non negaret. Denique amputasse sibi post fidem pollicem dicitur, ut sacerdotio reprobus haberetur. Sed tantum consentiens fidei predestinata potuit electio, ut nec sic in opere uerbi perderet quod prius meruerat in genere. Nam Alexandrie episcopus fuit, cuius per singula opus fuit scire et euangelii in se dicta disponere et disciplinam in se legis agnoscere et diuinam in carne Domini intellegere naturam. Que in nos primum requiri, dehinc inquisita uolumus agnosci habentes mercedem exhortationis, quoniam qui plantat et qui rigat unum sunt, qui autem incrementum prestat Deus est."

III. Glosae super Lucam glosatum

2. *Glosae super prologum Ieronimi* (pp. 103–113)

Glossa ordinaria in Luc., prol. 'Monarchianus': "Lucas, Sirus natione, Antiochensis, arte medicus, discipulus apostolorum, postea Paulum secutus usque ad confessionem eius seruiens Domino sine crimine. Nam neque uxorem umquam habens neque filios septuaginta quatuor annorum obiit in Boetia plenus Spiritu sancto. Qui, cum iam scripta essent euangelia per Matheum quidem in Iudea, per Marcum autem in Italia, sancto instigante Spiritu in Achaie partibus hoc scripsit euangelium, significans etiam ipse in principio ante alia esse scripta. Cui extra ea, que ordo euangelice dispositionis exposcit, ea maxime necessitas laboris fuit, ut primum Grecis fidelibus omni prophetatione uenturi in carnem Dei Christi manifestata esset humanitas, ne Iudaicis fabulis attenti in solo legis desiderio tenerentur uel ne hereticis fabulis et stultis sollicitationibus seducti exciderent a ueritate, elaboraret. Dehinc, ut in principio euangelii, Iohannis natiuitate presumpta, cui euangelium scriberet et in quo electus scriberet indicaret, contestans in se esse completa que essent ab aliis inchoata. Cui ideo post baptismum Filii Dei a perfectione generationis in Christo implete et repetende a principio natiuitatis humane potestas permissa est, ut requirentibus demonstraret, in quo apprehendens erat per Nathan filium Dauid, introitu recurrentis in Deum generationis admisso indisparabilis Dei, ut predicans hominibus Christum suum opus perfecti hominis redire in se per Filium faceret, qui per Dauid patrem uenientibus iter prebebat in Christo. Cui Luce non immerito etiam scribendorum apostolicorum Actuum potestas in ministerio datur, ut Deo in Deum pleno et filio proditionis extincto oratione ab ipsis apostolis facta sorte dominice electionis numerus compleretur. Sicque Paulus consummationem apostolicis Actibus daret, quem diu contra stimulum recalcitrantem Dominus elegisset. Quod legentibus ac requirentibus Deum, etsi per singula expediri a nobis utile fuerat, sciens tamen quod operantem agricolam oportet primum de fructibus suis edere, uitauimus publicam curiositatem, ne non tam uolentibus Deum demonstrare uideremur quam fastidientibus prodesse."

IV. Glosae super Iohannem glosatum

3. *Glosae super prologum Ieronimi* (pp. 121–132)

Glossa ordinaria in Ioh., prol. 'Monarchianus': "Hic est Iohannes euangelista unus ex discipulis Dei qui uirgo electus a Domino est, quem de nuptiis uolentem nubere uocauit Dominus. Cui uirginitatis in hoc duplex testimonium in euangelio datur, quod et pre ceteris dilectus a Domino dicitur, et huic matrem suam pendens de cruce commendauit Dominus, ut Virginem uirgo seruaret. Denique manifestans in euangelio quod erat ipse incorruptibilis Verbi opus inchoans, solus Verbum carnem factum esse nec lumen a tenebris comprehensum fuisse testatur. Primum signum ponens quod in nuptiis fecit Dominus, ostendens quod erat ipse, ut legentibus demonstraret quod ubi Dominus inuitatus deficere nuptiarum uinum debeat, ut et ueteribus immutatis noua omnia que a Christo instituuntur appareant. Hoc autem euangelium scripsit in Asia, postea quam in Pathmos insula Apocalipsim scripserat, ut cui in principio canonis incorruptibile principium in Genesi et incorruptibilis finis per uirginem in Apocalipsi redderetur, dicente Christo: *Ego sum alpha et omega.* Et hic est Iohannes, qui sciens superuenisse diem recessus sui, conuocatis discipulis suis in Epheso, per multa signo-

rum experimenta promens Christum descendens in defossum
sepulture locum facta oratione positus est ad patres suos, tam ex-
traneus a dolore mortis quam a corruptione carnis inuenitur
alienus. Tamen post omnes euangelium scripsit. Et hoc uirgini
debebatur. Quorum tamen uel scriptorum temporis dispositio
uel librorum ordinatio. Ideo per singula a nobis non exponitur,
ut et sciendi desiderio collocato et querentibus fructus laboris et
Deo magisterii doctrina seruetur."

4. *Glosae super introitum Augustini* (pp. 132–136)

Glossa ordinaria in Ioh., proth. 1: "Omnibus diuine scripture
paginis euangelium excellit, quia quod lex et prophete futurum
predixerunt hoc completum dicit euangelium. Inter ipsos autem
euangeliorum scriptores Iohannes eminet in diuinorum misteriorum profunditate, qui a tempore dominice ascensionis per
annos LXV uerbum Dei absque adminiculo scribendi usque ad
ultima predicauit tempora Domitiani, sed occiso Domitiano,
cum permittente Nerua de exilio redisset Ephesum, compulsus
ab episcopis Asie de coeterna Patri diuinitate Christi scripsit
aduersus hereticos, qui eo absente in eius ecclesias irrumperant,
qui Christum ante Mariam fuisse negabant. Vnde merito in
figura quatuor animalium aquile uolanti comparatur, que uolat
altius ceteris auibus et solis radios inreuerberatis aspicit luminibus. Ceteri quippe euangeliste, qui temporalem Christi
natiuitatem et temporalia eius facta que gessit in homine suffi-
cienter exponunt et de diuinitate pauca dixerunt, quasi gressibilia
animalia cum Domino ambulant in terra. Hic autem pauca de
temporalibus eius gestis edisserens, sed diuinitatis potentiam
sublimius contemplans, cum Domino ad celum uolat. Qui enim
supra pectus Domini in cena recubuit, celestis haustum sapien-
tie ceteris excellentius de ipso dominici pectoris fonte potauit.

Legerat siquidem euangelia trium euangelistarum et approbauit fidem eorum et ueritatem. In quibus uidit deesse aliqua gestarum rerum historie, et ea maxime que Dominus gessit primo predicationis sue tempore, scilicet antequam Iohannes baptista clauderetur in carcere. Hec ergo quasi omissa ab illis scribit Iohannes que fecit Iesus antequam Iohannes traderetur, sed maxime diuinitatem Christi et misterium Trinitatis commendare curauit. Tres siquidem alii euangeliste dicta et facta Domini temporalia, que ad informandos mores uite presentis maxime ualent, copiosius persecuti circa actiuam uitam sunt uersati; in qua laboratur, ut cor mundetur ad uidendum Deum. Iohannes uero pauca Domini facta dicit, uerba uero Domini, que Trinitatis unitatem et uite eterne felicitatem insinuant, diligentius conscribit, et sic in contemplatiua uirtute commendanda intentionem suam et predicationem tenuit, in qua contemplatiua uacatur ut Deus uideatur. Iste siquidem est Iohannes, quem Dominus de fluctiuaga nuptiarum tempestate uocauit, cui et matrem Virginem uirgini commendauit."

Bibliography

Manuscripts Cited

Arras, Bibliothèque Municipale, MS 564 (0623) (*A*)
Cambridge, Pembroke College, MS 75 (*C*)
Durham, Dean and Chapter Library, MS A. III. 25
Paris, Bibliothèque nationale de France, MS lat. 620 (*P*)
Paris, Bibliothèque nationale de France, MS lat. 645 (*I*)
Paris, Bibliothèque nationale de France, MS lat. 14417
Paris, Bibliothèque nationale de France, MS lat. 15269
  (Sorbonne 143) (*B*)
Rome, Biblioteca Vallicelliana, MS B. 47 (*V*)
Rouen, Bibliothèque municipale, MS 129 (A. 518)
Troyes, Médiathèque du Grand Troyes, MS 249 (*R*)
Troyes, Médiathèque du Grand Troyes, MS 290
Troyes, Médiathèque du Grand Troyes, MS 770
Troyes, Médiathèque du Grand Troyes, MS 1024 (*T*)

Primary Sources

Alan of Lille. *Summa de arte praedicatoria*, PL 210:109–198A.
Albert the Great. *Commentarii super IV libros Sententiarum*. In *Opera omnia*, vol. 28, ed. A. Borgnet (Paris: Vivès, 1894).
Ambrose. *Expositio euangelii secundam Lucam*, ed. Marc Adriaen, CCSL 14 (Turnhout: Brepols, 1957).
Anonymous. *Liber de ortu et obitu patriarcharum*, ed. José Carracedo Fraga, CCSL 108E (Turnhout: Brepols, 1996).

Anonymous. *In Boethii de Arithmetica*. In Irene Caiazzo, "Un Commento altomedievale al *De arithmetica* di Boezio," *Archivum Latinitatis Medii Ævi* 58 (2000), 113–150.

Anselm of Laon. *Anselmi Laudunensis Glosae super Iohannem*, ed. Alexander Andrée, CCCM 267 (Turnhout: Brepols, 2014).

——. *Epistola ad Heribrandum*, PL 162:1587A–1592C.

—— (?). *Glosae super Georgicon* (Berlin, Staatsbibliothek, MS lat. fol. 34).

Arnold of Bonneval. *Libellus de laudibus beatae Mariae Virginis*, PL 189:1725–1734A.

Augustine. *Contra Faustum*, ed. Joseph Zycha, CSEL 25/1 (Vienna: Tempsky, 1891), pp. 251–797.

——. *De ciuitate Dei*, ed. Bernard Dombart and Alfons Kalb, CCSL 47–48 (Turnhout: Brepols, 1955).

——. *De consensu euangelistarum*, ed. Franz Weihrich, CSEL 43 (Vienna: Tempsky, 1904).

——. *De diuersis quaestionibus*, ed. Almut Mutzenbecher, CCSL 44–44A (Turnhout: Brepols, 1970–1975).

——. *Enarrationes in Psalmos*, ed. Eligius Dekkers and John Fraipont, CCSL 38–40 (Turnhout: Brepols, 1956).

——. *In Iohannis euangelium tractatus CXXIV*, ed. Radbodus Willems, CCSL 36 (Turnhout: Brepols, 1954).

——. *Sermones in epistolas apostolicas II*, ed. Shari Boodts, CCSL 41Bb (Turnhout: Brepols, 2016).

Bede. *De tabernaculo*, PL 91:393–498.

——. *Homeliarum euangelii libri II*, ed. David Hurst, CCSL 122 (Turnhout: Brepols, 1955).

——. *In Cantica canticorum libri VI*, ed. David Hurst, CCSL 119B (Turnhout: Brepols, 1983), pp. 167–375.

——. *In Lucae euangelium expositio*, ed. David Hurst, CCSL 120 (Turnhout: Brepols, 1960), pp. 1–425.

———. *In Marci euangelium expositio*, ed. David Hurst, CCSL 120 (Turnhout: Brepols, 1960), pp. 429–648.

Biblia Latina cum Glossa Ordinaria: Facsimile Reprint of the Editio Princeps, Adoph Rusch of Strassburg 1480/1, 4 vols. Introduction by Karfried Froehlich and Margaret T. Gibson (Turnhout: Brepols, 1992).

Biblia Sacra iuxta uulgatam uersionem, ed. Robert Weber and Roger Gryson, 5th ed. (Stuttgart: Deutsche Bibelgesellschaft, 2007).

Caesarius of Arles. *Sermones*, ed. Germain Morin, CCSL 103–104 (Turnhout: Brepols, 1953).

Eusebius of Caesarea. *Epistula ad Carpianum*, PG 22:1276–1277.

Geoffrey Babion(?). *Enarrationes in euangelium Matthaei*, PL 162:1227–1500B.

Gottfried of Admont. *Homiliae dominicales*, PL 174:21–632.

Gratian. *Decretum*. In *Corpus iuris canonici*, vol. 1, ed. Emil Friedberg (Leipzig, 1879; repr. Graz: Akademische Druck und Verlaganstalt, 1959).

Gregory the Great. *Homiliae in euangelia*, ed. Raymond Étaix, CCSL 141 (Turnhout: Brepols, 1999).

———. *Homiliae in Hiezechielem prophetam*, ed. Raymond Étaix, CCSL 142 (Turnhout: Brepols, 1971).

Heiric of Auxerre. *Homiliae per circulum anni*, ed. CCCM 116–116B (Turnhout: Brepols, 1992–1994).

Hilary of Poitiers. *Commentarius in Matthaeum*, PL 9:917–1078A.

Hildebert of Lavardin. *Sermones*, PL 171:339–964C.

Honorius of Autun. *Speculum Ecclesiae*, PL 172:807–1107.

Hugh of Saint-Victor. *De sacramentis Christianae fidei*, PL 176:173–618B.

Isidore of Seville. *De ortu et obitu Patrum*, ed. Cesar Chaparro Gómez (Paris: Les Belles Lettres, 1985).

———. *Etymologiarum siue Originum libri XX*, ed. Wallace M. Lindsay, 2 vols. (Oxford: Clarendon, 1911).

———. *Liber differentiarum*, ed. María Adelaida Andrés Sanz, CCSL 111A (Turnhout: Brepols, 2006).

Ivo of Chartres. *Decretum*, PL 161:47–1022D.

Jerome. *Commentariorum in Matheum libri IV*, ed. David Hurst and Marc Adriaen, CCSL 77 (Turnhout: Brepols, 1969).

———. *Commentariorum in Zachariam prophetam libri II*, PL 25:1415–1542A.

———. *Liber interpretationis hebraicorum nominum*, ed. Paul de Lagarde, CCSL 72 (Turnhout: Brepols, 1959).

———. *Praefatio in euangelio*. In *Biblia sacra iuxta uulgatam uersionem* (Stuttgart: Deutsche Bibelgesellschaft, 2007), pp. 1515–1516.

———. *Prologus in libris Salomonis*. In *Biblia sacra iuxta uulgatam uersionem* (Stuttgart: Deutsche Bibelgesellschaft, 2007), p. 957.

John Beleth. *Summa de ecclesiasticis officiis*, ed. Hildebert Douteil, CCCM 41A (Turnhout: Brepols, 1976).

Juvencus. *Euangeliorum libri IV*, ed. Johannes Huemer, CSEL 24 (Vienna: Tempsky, 1891).

Lawrence of Saint-Victor. *Epistola Laurentii*, ed. Ambrogio Piazzoni, "Ugo di San Vittore auctor delle *Sententie de Diuinitate*." *Studi Medievali* 23 (1982), 861–955.

Leo the Great. *Tractatus septem et nonaginta*, ed. Anton Chavasse, CCSL 138–138A (Turnhout: Brepols, 1973).

Magister anonymus (ca. 1160). *Huic euangelio* (Paris, Bibliothèque Mazarine, MS 175, fols. 252r–298r).

Maximus of Turin. *Sermones*, PL 57:843–8916B.

Otto of Saint-Blaise. *Continuatio San-Blasiana*, ed. Roger Wilmans, MGH.SS, 20 (Hanover: Hahn, 1868), pp. 302–337.

Ovid. *Ars Amatoria* (Oxford: Clarendon, 1961), pp. 110–200.

Peter Comestor. *Historia scholastica*, PL 198:1049–1722A.

Peter Damian. *Sermones*, PL 144:505–924D.

Peter Lombard. *Collectanea in omnes Pauli apostoli epistulas*, PL 191:1297–1696C; PL 192:9–520A.

———. *Magna glosatura in Psalmos*, PL 191:32–1296D.

———. *Sententiae in IV libris distinctae*, ed. Ignatius Brady, 3rd rev. ed., 2 vols. (Grottaferrata: Editiones Collegii S. Bonaventurae ad Claras Aquas, 1971–1981).

Paschasius Radbertus. *Expositio in Matheo libri XII*, ed. Beda Paulus, CCCM 56–56B (Turnhout: Brepols, 1984).

Peter Abelard. *Theologia Christiana*, ed. Eligius M. Buytaert, CCCM 12 (Turnhout: Brepols, 1969), pp. 71–372.

Plato (trans. Calcidius). *Timaeus*, ed. Jan H. Waszink (London–Leiden: Brill, 1962).

Prudentius. *Psychomachia*, ed. Maurice P. Cunningham, CCSL 126 (Turnhout: Brepols, 1966), pp. 149–181.

Pseudo-Abdias. *Virtutes Iohannis*, in *Acta Iohannis*, ed. Eric Junod and Jean-Daniel Kaestili, CCSA 1–2 (Turnhout: Brepols, 1983), pp. 750–834.

Pseudo-Augustine (Belgicus). *Sermones*, in *S. Aurelii Augustini Hipponensis episcopi operum supplementum*, vol. 3 (Paris: Parent-Desbarres, 1836).

Rabanus Maurus. *Commentaria in libros II Paralipomenon*. PL 109:279–540B.

———. *Expositio in Matthaeum*, ed. Bengt Löfstedt, CCCM 174–174A (Turnhout: Brepols, 2000).

Robert of Auxerre. *Chronicon*, ed. Oswold Holder-Egger, MGH.SS, 26 (Hanover: Hahn, 1882).

Rupert of Deutz. *De sancta Trinitate et operibus eius*, ed. Hrabanus Haake, CCCM 21–24 (Turnhout: Brepols, 1971–1972).

Sedulius. *Paschale Carmen,* in *Sedulii Opera omnia,* ed. Johannes Huemer, CSEL 10 (Vienna: Tempsky, 1885), pp. 1–146.

Sedulius Scottus(?). *In argumentum euangelii secundum Marcum,* PL 103:279–286A.

William of Conches. *Dragmaticon Philosophiae,* ed. Italo Ronca, CCCM 152 (Turnhout: Brepols, 1997), pp. 3–273.

Zachary of Besançon. *Vnum ex Quatuor,* PL 186:11–620B.

Selected Studies

Andrée, Alexander. "Introduction." In *Gilbertus Universalis: Glossa Ordinaria in Lamentationes Ieremie Prophete; Prothemata et Liber I; A Critical Edition with an Introduction and a Translation.* Studia Latina Stockholmiensia 52 (Stockholm: Almquist & Wiksell, 2005), pp. 1–156.

———. "Introduction." In *Anselmi Laudunensis Glosae super Iohannem,* CCCM 267 (Turnhout: Brepols, 2014), pp. ix–cxxi.

———. "Peter Comestor's Lectures on the *Glossa 'Ordinaria'* on the Gospel of John. The Bible and Theology in the Twelfth-Century Classroom." *Traditio* 71 (2016), 203–234.

———. "*Caue ne facias uim in tempore!* Peter Comestor and the Truth of History." In *Felici curiositate. Studies in Latin Literature and Textual Criticism from Antiquity to the Twentieth Century in Honour of Rita Beyers,* ed. Guy Guldentops, Christian Laes, and Gert Partoens (Turnhout, 2017), pp. 515–550.

———. "*Sacra Pagina*: Theology and the Bible from the School of Laon to the School of Paris." In *A Companion to Twelfth-Century Schools,* ed. Cedric Giraud (Leiden: Brill, 2020), pp. 272–314.

——. "Peter Comestor and the Tools for Biblical Interpretation: Grammar, Rhetoric, Criticism." In *Exegesis of Holy Scripture from Origen to Lorenzo Valla*, ed. Valeria Maria Ingegno (Turnhout: Brepols), forthcoming.

Bain, Emmanuel. "La travail du maître dans le commentaire sur l'évangile de Matthieu." In *Pierre le Mangeur ou Pierre de Troyes: Maître du XIIe siècle*, ed. Gilbert Dahan (Turnhout: Brepols, 2013), pp. 89–123.

Berardi, Alessia. "The *Glose super glosas Ysaie*: A New Work by Peter Comestor?." *Scriptorium* 74 (2020), 159–209.

Bouhot, Jean-Paul, and Jean-François Genest. *La Bibliothèque de l'abbaye de Clairvaux du XIIe au XVIIIe siècle*, 2 vols. (Paris: CNRS, 1997).

Brady, Ignatius. "Peter Manducator and the Oral Teachings of Peter Lombard." *Antonianum* 41 (1966), 454–490.

——. *Prolegomena.* In *Magistri Petri Lombardi Parisiensis episcopi Sententiae in IV libris distinctae*, 2 vols. (Grottaferrata: Editiones Collegii S. Bonaventurae ad Claras Aquas, 1971–1981), 1:8*–129* and 2:7*–52*.

Chapman, John. *Notes on the Early History of the Vulgate Gospels* (Oxford: OUP, 1908).

Clark, Mark. "The Biblical Gloss, the Search for Peter Lombard's Glossed Bible, and the School of Paris." *Mediaeval Studies* 76 (2014), 57–113.

——. *The Making of the Historia Scholastica, 1150–1200* (Toronto: PIMS, 2015).

Dahan, Gilbert. "Les prologues des commentaires bibliques (XIIe–XIVe siècles)." In *Lire la Bible au moyen âge. Essais d'herméneutique médiévale* (Geneva: Droz, 2009), pp. 57–101.

——. "Une leçon biblique au XIIe siècle: Le commentaire de Pierre le Mangeur sur Matthieu 26, 26–29." In *Ancienne Loi,*

Nouvelle Loi: Recherches interdisciplinaires sur les textes classiques, ed. Jean-Pierre Bordier. Littérature et revelation au Moyen Âge 3 (Paris: Université Paris Ouest Nanterre La Défense, 2009), pp. 19–38.

——. "Les exégèses de Pierre le Mangeur." In *Pierre le Mangeur ou Pierre de Troyes: Maître du XIIe siècle*, ed. Gilbert Dahan (Turnhout: Brepols, 2013), pp. 49–87.

Daly, Saralyn R. "Peter Comestor: Master of Histories." *Speculum* 32 (1957), 62–73.

Doyle, Matthew. *Peter Lombard and His Students*. Studies and Texts 201 (Toronto: PIMS, 2016).

Foley, David M. *Peter Comestor's Lectures on the* Glossa 'ordinaria' *on John (ca. 1165): An Historical Introduction with a Critical Edition*. PhD Thesis, University of Toronto, 2020.

——. "The Prologues to Peter Comestor's *Glosae super euangelia glosata*: Vestiges of Peter Lombard's 'Lost Glosses' on the Gospels?" (in preparation).

Glunz, Hans Herman. *History of the Vulgate in England from Alcuin to Roger Bacon, Being an Inquiry into the Text of Some English Manuscripts of the Vulgate Gospels* (Cambridge: CUP, 1933).

Hunt, Richard W. "The Introductions to the *Artes* in the Twelfth Century." In *Studia mediaevalia in honorem Raymundi Josephi Martin, Ordinis Praedicatorum s. theologiae magistri LXXum natalem diem agentis* (Bruges: De Tempel, 1948), pp. 84–112.

Luscombe, David. "Peter Comestor." In *The Bible in the Medieval World: Essays in Memory of Beryl Smalley*, ed. Katherine Walsh and Diana Wood (Oxford: Blackwell, 1985), pp. 109–129.

Minnis, A. *Medieval Theory of Authorship: Scholastic Literary Attitudes in the Later Middle Ages*. 2nd ed. (London: Scolar Press, 1988).

Quain, Edwin A. "The Mediaeval *accessus ad auctores.*" *Traditio* 3 (1945), 215–264.

Saccenti, Riccardo. *"The Materia super libros Sententiarum* Attributed to Peter Comestor: Study of the Text and Critical Edition." *Bulletin de philosophie médiévale* 54 (2012), 155–215.

Smalley, Beryl. "Some Gospel Commentaries of the Early Twelfth Century." *Recherches de théologie ancienne et médiévale* 45 (1978), 147–180.

———. "Peter Comestor on the Gospels and his Sources." *Recherches de théologie ancienne et médiévale* 46 (1979), 84–129.

———. *The Gospels in the Schools, c. 1100–c. 1280* (London: Hambledon Press, 1985).

Smith, Lesley. *The "Glossa Ordinaria": The Making of a Medieval Bible Commentary.* (Leiden: Brill, 2009).

Stegmüller, Friedrich. *Repertorium biblicum medii aevi.* 11 vols. (Madrid, 1950–1980).

Sylwan, Agneta. "Petrus Comestor, *Historia scholastica*: Une nouvelle édition." *Sacris erudiri* 39 (2000), 345–382.

Toronto Medieval Latin Texts

1. *Three Lives of English Saints,* ed. Michael Winterbottom (1972)
2. *The Gospel of Nicodemus,* ed. H.C. Kim (1973)
3. *Peter the Venerable: Selected Letters,* ed. Janet Martin (1974)
4. *A Thirteenth-Century Anthology of Rhetorical Poems,* ed. Bruce Harbert (1975)
5. *Two Alcuin Letter-Books,* ed. Colin Chase (1975)
6. *Three Latin Comedies,* ed. Keith Bate (1976)
7. *The Life of Gundulf, Bishop of Rochester,* ed. Rodney Thomson (1977)
8. *Boccaccio: In Defence of Poetry. Genealogiae deorum gentilium liber XIV,* ed. Jeremiah Reedy (1978)
9. *Bartholomaeus Anglicus: On the Properties of Soul and Body. De proprietatibus rerum libri III et IV,* ed. R. James Long (1979)
10. *Selected Sermons of Stephen Langton,* ed. Phyllis B. Roberts (1980)
11. *Philippe de Mézières' Campaign for the Feast of Mary's Presentation,* ed. William E. Coleman (1981)
12. *The Canterbury Hymnal,* ed. Gernot R. Wieland (1982)
13. *The Rule of St Benedict: The Abingdon Copy,* ed. John Chamberlin (1982)
14. *Robert Grosseteste: Templum Dei,* ed. Joseph Goering and F.A.C. Mantello (1984)
15. *The Oxford Poems of Hugh Primas and the Arundel Lyrics,* ed. C.J. McDonough (1984)

16. *Avitus: The Fall of Man. De spiritalis historiae gestis libri I–III*, ed. Daniel J. Nodes (1985)

17. *Nigel of Canterbury: Miracles of the Virgin Mary, in verse. Miracula sancte Dei genitricis virginis Marie, versifice*, ed. Jan Ziolkowski (1986)

18. *A Durham Book of Devotions*, ed. Thomas H. Bestul (1987)

19. *Speeches from the Oculus pastoralis*, ed. Terence O. Tunberg (1990)

20. *The 'Vulgate' Commentary on Ovid's Metamorphoses: The Creation Myth and the Story of Orpheus*, ed. Frank T. Coulson (1991)

21. *Richard Rolle: Emendatio vitae; Orationes ad honorem nominis Ihesu*, ed. Nicholas Watson (1995)

22. *Latin Colloquies from Pre-Conquest Britain*, ed. Scott Gwara (1996)

23. *Stella clericorum*, ed. Eric H. Reiter (1997)

24. *Fra Nicola da Milano: Collationes de beata virgine*, ed. M. Michèle Mulchahey (1997)

25. *The Fables of 'Walter of England,'* ed. Aaron E. Wright (1997)

26. *A Book of British Kings: 1200 BC–1399 AD*, ed. A.G. Rigg (2000)

27. *Saints' Lives by Walter of Châtillon: Brendan, Alexis, Thomas Becket*, ed. Carsten Wollin (2002)

28. *The Ancestry of Jesus: Excerpts from Liber generationis Iesu Christi filii Dauid filii Abraham (Matthew 1:1–17)*, ed. Greti Dinkova-Bruun (2005)

29. *The Deposition of Richard II: 'The Record and Process of the Renunciation and Deposition of Richard II' (1399) and Related Writings*, ed. David R. Carlson (2007)

30. *An Epitome of Biblical History: Glosses on Walter of Châtillon's Alexandreis 4.176–274*, ed. David Townsend (2008)

31. *The Sermons of William of Newburgh*, ed. A.B. Kraebel (2010)

32. *Peter Abelard: Historia calamitatum. Consolation to a Friend,* ed. Alexander Andrée (2015)
33. *Samuel Presbiter: Notes from the School of William de Montibus,* ed. Andrew N.J. Dunning (2016)
34. *The Disputatio puerorum: A Ninth-Century Monastic Instructional Text,* ed. Andrew Rabin and Liam Felsen (2017)
35. *Fifteen Medieval Latin Parodies,* ed. Martha Bayless (2018)
36. *Historia Apollonii regis Tyri. A Fourteenth-Century Version of a Late Antique Romance,* ed. William Robins (2019)